U0088473

The myth of
神祕消失的
secret treasure
寶藏之謎

寶藏不會說話，時間也不會倒流，在歷史的長河中，
有著太多的謎團，遺留著許多不可思議的寶藏祕密。

柯爾夫 編著

聰明的藏寶人用盡心思把他們的財寶隱藏起來，製造出眾多的藏寶祕密，
後人為了尋找這些寶藏，不惜付出生命的代價。

永續圖書線上購物網　讀品文化事業有限公司

WWW.foreverbooks.com.tw　　　　　yungjiuh@ms45.hinet.net

精選故事系列 20

神祕消失的寶藏之謎

編　　著	柯爾夫
出 版 者	讀品文化事業有限公司
執行編輯	林美玲
美術編輯	林于婷

社　　址	22103　新北市汐止區大同路三段 194 號 9 樓之 1
	TEL／(02) 86473663
	FAX／(02) 86473660
總 經 銷	永續圖書有限公司
劃撥帳號	18669219
地　　址	22103　新北市汐止區大同路三段 194 號 9 樓之 1
	TEL／(02) 86473663
	FAX／(02) 86473660
出 版 日	2013年11月

法律顧問	方圓法律事務所　涂成樞律師
CVS代理	美璟文化有限公司
	TEL／(02) 27239968
	FAX／(02) 27239668

國家圖書館出版品預行編目資料

神祕消失的寶藏之謎 ／柯爾夫編著.

-- 初版. -- 新北市：讀品文化，民102.11

面；　公分. -- (精選故事系列；20)

ISBN 978-986-5808-23-5(平裝)

1.世界地理

716　　　　　　　　　　102018729

Chapter 1　海底寶藏之謎

Chapter 2　海盜寶藏之謎

Chapter 7　皇室寶藏之謎

海底
寶藏之謎

Chapter 1

「黃金船隊」沉船寶藏

　　十七艘滿載金銀財寶的西班牙船隊離開了哈瓦那，向西班牙領海駛去，這就是西班牙歷史上著名的「黃金船隊」。

　　這支運送幾百億法郎的船隊要穿過大西洋，就必須經過英荷艦隊經常出沒的海域，這是要冒很大風險的。但是由於西班牙財政窘困，國王菲利普五世命令西班牙殖民當局，把上繳的金銀財寶火速送往塞維利亞。

　　這支黃金船隊能平安的到達目的嗎？

　　「黃金船隊」小心翼翼的到達了亞速爾群島海域，前面不遠處就是西班牙領海，但是到西班牙領海的這段海域，卻是極其危險的。

　　一天，「黃金船隊」正平穩地向前行駛，突然一支由一百五十艘戰艦組成的英荷聯合艦隊出現在海面上。

　　面對著如此強大的艦隊，船員們陣腳大亂，船隊總司令貝拉斯科鎮靜地指揮船隊開進大西洋沿岸的維哥灣，一邊死守住港口，一邊想辦法將珍寶從陸地運往馬德里。

　　當時的西班牙有一條奇怪的規定：凡是從南美運來的物品必須先到塞維利亞市驗收。

　　最後只好先把給國王和皇后的財寶從船上卸下來，改從陸地運往馬德里。不幸的是這部分財寶，有一部分在途中被強盜搶走。這部分

約一千五百輛馬車的黃金，據說至今仍被埋藏在西班牙龐特維德拉山區的一個不為人知的地方。

「黃金船隊」在維哥灣平靜地待了一個多月，英荷聯合艦上的士兵沒有對船隊採取任何行動。

一天，英荷聯合艦隊卻突然對維哥灣發起了進攻。強大的英荷士兵，很快就消滅了港灣沿岸的守軍，摧毀了炮台和障礙欄。沒幾個小時，西班牙軍隊就全線崩潰了。

船隊總司令貝拉斯科徹底絕望，但是為了不讓財寶落入敵人手裡，他下令全部燒毀運載珍寶的船隻。火點起來了，被焚燒的船和其他被擊中的戰艦把維哥灣燒成一片火海。西班牙士兵默默注視著這些歷經艱辛從南美運回來的奇珍異寶，在火海中慢慢消失，沉入深不可測的海水之中。

英荷聯軍竭盡全力撲滅大火，搶救船上的財寶，但是大部分船隻都已沉入大海。第三天早上，英國潛水員潛入海底，撈出一部分戰利品。由於當時沒有先進的打撈技術，而且西班牙地面突擊隊炮火仍不停地攻擊，使得英荷聯軍不得不放棄打撈工作。

據被俘虜的西班牙海軍上將估計，有4000～5000輛馬車的黃金珠寶沉入海底。

英國人多次冒險潛入海底，卻只撈到很少的戰利品。深藏在海底的寶藏吸引著無數尋寶人。

近三個世紀以來，一批又一批的尋寶者都在搜索著這筆豐厚的寶藏，有的空耗力氣一無所獲，也有的幸運地撈出許多珍貴的綠寶石、

紫水晶、珍珠、黑瑪瑙等珠寶翡翠。

　　這些都是一些零星的寶物，更多的寶物還靜靜地躺在深深的海底。

　　這批寶藏在風浪海流的侵襲下，不僅蒙上了厚厚的泥沙，連位置也發生了改變。儘管現代化的潛水打撈技術不斷提高，但這批寶始終無法被找到。財寶究竟藏身於海底何處？這些財寶何時才能重見天日，展現於世人面前？

「聯合」號沉船寶藏

　　從14世紀以來，英國西南海岸的海峽和水域一直是海盜們的最佳狩獵區。從北海和波羅的海駛出的商船必須通過這個「針眼」才能前往歐洲南部和西部。

　　對於那些向相反方向航行的船隻，如來自地中海沿岸的航船，要安全通過這一區域也絕非易事。它們常常會受到海盜的攻擊。

　　為了擺脫海盜對英國南部海港的控制，英國國王下令，除了英聯邦的船隻外，允許懸掛英聯邦旗幟的海盜船，搶劫所有經過海峽的其他國家的過往船隻。

　　這種特殊的規定在錫利群島一帶出現了奇怪現象：島上居民竟然利用環形珊瑚島，引誘其他國家的輪船觸礁。

　　為了達到目的，島民與海盜勾結，用燃起的火把或掛燈籠，誤導那些在風暴或黑夜中迷失方向的船隻偏離航道，以達到劫掠船上財物的目的。

　　18世紀初的「聯合」號就被誤導到環形珊瑚島裡，觸礁遇難，留下一批至今無法找到的巨大財富。

　　克勞迪斯雷·肖偉爾將軍正率領「聯合」號等軍艦組成的英國艦返航在英國的途中。肖偉爾將軍一向都很自信，但是那幾天他總是懷疑艦隊的航線是否正確。他一遍又一遍的在心裡問自己：「錫利群島

在哪裡？」

於是，這位將軍召開了全體軍官會議，經對各種數據反覆驗證之後，得出一個結論：目前艦隊的航線完全正確，錫利群島離暗礁還有很遠一段距離。

會議結束後，肖偉爾將軍正準備放心的睡個好覺，這時一名水手請他馬上出來。這名水手認為現在整個艦隊不但偏離了航線，而且正朝著錫利群島附近那些大暗礁駛去。他勸告肖偉爾將軍，如果不馬上改變航線，他們必死無疑！

肖偉爾威脅他，如果他再胡說八道，就懲罰他。沒想到這個平時一向順從懦弱的水手不但沒有住嘴，反而更大聲地叫喊起來，兩個小時之後，肖偉爾以擾亂軍心的罪名把水手絞死在桅桿上。

水手雖然死了，但是他的話卻沒有從肖偉爾的耳邊消失，他焦躁不安的走出房間，來到甲板上，觀望天空，憑藉多年的航海經驗，將軍覺察出一場暴風雨即將來臨。

隨即，艦隊陷入狂風巨浪之中。「聯合」號隨時都有沉沒的危險。突然，一名大副驚喜地把望遠鏡遞給肖偉爾，說前面有燈光。

肖偉爾將軍拿起望遠鏡匆匆看了一眼，馬上命令帆船改變航向，駛向燈光。

於是，艦隊調整航向，全速向燈光信號駛去。當尖刀一般的礁石從洶湧的水面中突現出來橫擋在他們前面時，大副和肖偉爾將軍發現艦隊正駛向巨大的災難，但是為時已晚。

緊接著便是震耳欲聾的撞擊聲，船艙像細木頭一樣斷裂，甲板

搖搖欲墜，水手們都摔倒在甲板上，船體內發出了斷裂聲。隨後，戰艦開始向右舷傾斜，海水頃刻間湧入「聯合」號船艙內部，幾分鐘之內，船頭和後甲板便被摧毀殆盡。

肖偉爾將軍在萬分驚恐之中看見自己的水手們被巨大的浪濤捲入水中，轉眼間消失在了大海深處。另外幾艘軍艦也轉眼就被捲入巨浪中的岩石或者暗礁之中。

那麼，是什麼導致肖偉爾將軍的艦隊遭遇滅頂之災呢？

原來，艦隊導航並沒有錯，而是錫利群島附近的海盜們用錯誤的燈光信號誤導艦隊偏離了航線。艦隊被暗礁撞擊後，這艘英國艦隊所有成員共二千餘人全部葬身於大海之中。

風暴過後，海盜們坐著漁船從觸礁的殘骸帶回金幣、銀幣、木板、滑輪、鋼索、滑車組、索具、皮帶、手槍、彈藥和刀子等一切有價值的東西。

而這支艦隊最大的一批財富，即艦隊的錢箱，在艦隊遇難之前就已經沉入了海底。

英國海軍潛水員使用現代技術，在基爾斯通礁石中央發現了「聯合」號。他們試圖找到「聯合」號的錢箱，卻空手而歸。

有個叫羅蘭‧莫里斯的英國人，經過精心準備之後，和他的同伴們來到錫利群島尋找鐵箱，最後羅蘭‧莫里斯和隊員們，在一個岩石裂縫裡找到了1400塊銀幣，還有一個上面印著克勞迪斯雷‧肖偉爾爵士徽章的大銀盤。

後來，又有許多英國潛水者組織繼續對「聯合」號殘骸運行探

寶，從旗艦的船腹中找到近7000枚銀幣。

雖然這些打撈者都大有收穫，但是「聯合」號艦隊的錢箱卻始終沒有找到。「聯合」號都被打撈出來了，但是錢箱到哪裡去了呢？怎麼會用現代的科學技術都無法找到它的藏身之處？難道它還躺在錫利群島水域的海底嗎？

「努埃斯特拉」號沉船寶藏

　　費布斯和他的手下真的找到了那只珠寶箱，經過三天的艱苦奮戰，才把它從殘骸中拖到了「詹姆斯和瑪麗」號的甲板上。費布斯和船員用自帶的斧頭小心翼翼地打開了珠寶箱。

　　用他們自己的話說：「我們像天使，走進了《一千零一夜》中的童話世界，眼前看見的都是晶瑩的鑽石、珍珠、綠寶石和紅寶石，簡直像是在做夢。」

　　這不是電影片段，也不是費布斯對黃金的美好憧憬，而是事實，費布斯找到了17世紀中葉，沉入錫爾伯海域的「努埃斯特拉」號運寶帆船。

　　在當時，這是一起震驚世界的運寶船沉沒事件，從此還演繹出一連串曲折的故事。

　　17世紀，「努埃斯特拉」號是西班牙新建的一支船隊的旗艦。下海不久，被編入由總司令胡安·德坎波斯指揮的艦隊。在31艘艦船的護衛下，這艘西班牙運寶船開始向東航行。

　　當「努埃斯特拉」號經過佛羅里達角和薩爾烏之間縱橫交錯的珊瑚暗礁水道時，遭遇到風暴，幾十艘船隻頃刻之間支離破碎，其中有的沉入海底，有的被捲入巨浪。

　　「努埃斯特拉」號的桅桿被折斷，船帆也被撕破，它只能在海面

上隨風飄蕩。怒吼的海風和洶湧的巨浪把「努埃斯特拉」號推到了錫爾伯海域。珊瑚暗礁不停的撞擊「努埃斯特拉」號的船底，很快「努埃斯特拉」號就被捲入巨浪之中，船斷成兩截，大多數船員被拋入海底。

有幾個船員跳到自製的木排上，漂流到露出海面的珊瑚礁石上，用木頭搭建了一個平台，在上面靠僅有的一點儲備艱難地忍耐了幾個星期。但是沒有救援的船隻經過，這些倖存者只好把小平台改造成一艘小船，試圖駛向伊斯帕尼奧拉島。可惜就在離島不遠處，小船被風浪捲入海底，僅有奧塔維奧一人倖存。

據奧塔維奧後來透露說，當時，「努埃斯特拉」號船上滿載著秘魯和墨西哥的金銀、哥倫比亞的寶石及委內瑞拉的珍珠。

「努埃斯特拉」號沉沒42年後，威廉‧費布斯前往錫爾伯海灘去搜尋它的殘骸，成為300年來世界尋寶史上最幸運的人。

費布斯是在一次去西印度群島的航行中，無意中聽到有關錫爾伯海域西班牙運寶船隊沉沒的故事，他立即決定去倫敦請求拜見英王查爾斯二世。

英王對費布斯的計劃非常支持，並成為他的資助人。查爾斯二世把海軍的「阿爾及爾玫瑰」號快速驅逐艦租供給費布斯，在驅逐艦上配備了18門火炮。

費布斯一向謹言慎行，儘管英國國王是這次尋寶的資助人，他也想在祕密狀態下進行此次打撈沉船行動，費布斯率領手下悄悄地出發，為了防止太多人獲知他的這次祕密行動，費布斯的探寶船在錫爾

伯海域途中從不作長時間停留。

費布斯想更多的瞭解「努埃斯特拉」號沉船地點和周邊情況，請來「努埃斯特拉」號唯一的倖存者奧塔維奧過來當嚮導。費布斯為了減少一個分財寶的人，等探寶船快要到錫爾伯海域時，他就把奧塔維奧打發走了。

然而，事實並非想像的那麼簡單。錫爾伯海域到處密佈著可怕的珊瑚暗礁，「努埃斯特拉」號殘骸周圍的境況比他預想的要複雜。海員們經過幾個星期的艱難搜尋，只發現了一塊長滿珊瑚的銀條。食物和飲用水一天天的減少，船員們開始抱怨，不想再繼續搜索下去，費布斯不得不中斷了這次海底尋寶。

在返回的途中，費布斯得知老嚮導奧塔維奧已經去世，他非常沮喪地繼續駛往英國，但是前面卻有更壞的消息等著他。

英王查爾斯二世已經去世，英王繼任者不但對他的尋寶毫無興趣，還指責他勞民傷財，並把他關進了監獄。幸虧有位做大官的朋友幫助，費布斯才獲得自由。後來，透過宮廷重臣求請，英王允許費布斯繼續尋寶。

但這次他不但沒有得到英國皇家的資助，還必須答應英王王室提出的條件：一旦尋寶成功，國王要求分得打撈財物總價值的十分之一。

費布斯做事從不氣餒，他又找到幾位贊助者，設法弄來兩艘帆船，重新組成探險隊，重返錫爾伯海域。

費布斯有著多年的經商經驗。這一次，他滿載著從各地籌集到的

各式各樣的交換物品，駛向伊斯帕尼奧拉島，因為當年的島上居住著大批的海盜，費布斯帶來的這些東西都是海盜們的急需品，他因此而大賺一筆。費布斯想，如果這次尋寶再失敗，就靠賣掉這些貨物獲得的利潤來彌補損失。他先使用障眼法，把自己的「詹姆斯和瑪麗」號拋錨在普拉塔港，自己扮作一個只想靠賣貨賺錢的商人，迷惑島上的海盜們。

　　而另一艘「倫敦之亨利」號則肩負著尋寶的祕密使命，在羅格斯船長的帶領下駛往錫爾伯海灘，去搜尋「努埃斯特拉」號的遺骸。幾個星期下來，羅格斯船長毫無所獲。最後，這位身心疲憊的船長準備第二天撤退。可是這天上午，他在卡布隆角附近的淺水中，突然看見一顆光彩奪目的海鰓珊瑚，它在淺淺的海底時隱時現。

　　羅格斯船長想把這個美麗的珊瑚作為禮物送給費布斯，作為這次尋寶失敗的留念，於是他馬上叫一個潛水員下去採摘，潛水員下去後在珊瑚邊突然發現了幾門全身長滿珊瑚的火炮，潛水員急忙把這個發現告訴了羅格斯船長。船長又讓另外幾個潛水員下去勘察。終於，「努埃斯特拉」號在大片珊瑚的隱藏下露出神祕的船身！

　　原來，四十多年以來，「努埃斯特拉」號一直夾在岩層中間，船身被珊瑚纏繞覆蓋著，靜躺沉睡在加勒比海的海底。

　　隨後，潛水員們陸續從「努埃斯特拉」號殘骸中打撈出許多銀條和大量的西班牙貨幣。

　　他們試圖找到「努埃斯特拉」號上那些價值連城的黃金、寶石和珍珠。就在準備再度下海打撈時，突然強風暴來臨，「倫敦之亨利」

號撤回伊斯帕尼奧拉島，向費布斯匯報他們的成績。

費布斯得知這一消息，立即指揮兩艘艦船駛往錫爾伯海域，開始準備打撈工作。

打撈工作異常艱難，潛水員病倒仍然堅持著下海，他們打撈出大量的金條和銀條。費布斯關注的不是這些零散的金條和銀條，他想找到「努埃斯特拉」號船上的珠寶箱，「努埃斯特拉」號倖存者老奧塔維奧告訴他，那只箱子裡裝滿了專門為西班牙國王準備的珠寶，它就存放在船尾部。可是，船尾剛好是沉在海底的最深處。

費布斯幾次要求潛水員潛到殘骸的最深處，但每次都遭遇失敗。費布斯又派出最有經驗的潛水員，讓他們無論如何搜索到那個珠寶箱。

最後，費布斯竟然親自潛到海底，搜索珠寶箱。皇天不負苦心人，費布斯和他的潛水員最終找到了珠寶箱。

費布斯把打撈出來的每一件珍寶都進行了極為嚴格的整理，並認真做了記錄、圖樣和目錄清單。

當費布斯的兩艘艦艇準備離開錫爾伯海域時，法國海盜船「格洛伊」號早已得知風聲，企圖奪走他們打撈出來的珍寶。「格洛伊」號海盜船虎視眈眈地跟著費布斯的兩艘船緊追不放。費布斯的船上滿載著寶藏，根本無法與海盜交戰。

某天夜半時分，等到海上明亮的月光隱沒之時，費布斯突然下令關掉船上所有的光源。海盜船一時措手不及。費布斯的艦艇藉著夜幕的掩護逃出錫爾伯海域，直接駛往英國，順利地返回到維特福德港。

後來，費布斯移居倫敦，在那裡去世。臨去世前，他把自己成功的尋寶過程寫成《惡魔及其海底秘話》一書。

　　然而，令人感到困惑不解的是，費布斯自己在書中對他打撈珍寶的沉船殘骸，到底是不是西班牙的「努埃斯特拉」號沉船提出質疑，並含糊其辭地指出，他的那次打撈「只不過是一種偽裝了的海盜行為！」費布斯的書出版之後，他在書中的說法，馬上引起世界各地尋寶者廣泛的關注和各種各樣的猜疑和聯想。

　　難道費布斯打撈上來的不是「努埃斯特拉」號沉船？他當初為什麼要說謊呢？如果費布斯說的是假話，那麼真正的「努埃斯特拉」號是不是還在錫爾伯海域？沉船的寶藏是否還沉睡在海底呢？

「聖瑪格麗特」號寶藏

　　九月正是海上颶風的高峰季節，可是一支運輸船隊卻從古巴的哈瓦那港出發了，艦隊上裝載著新大陸的金銀財寶和農產品，都是西班牙緊缺的物資。

　　這支艦隊由28條船組成，其中有一條帆船上裝滿財寶，它就是「聖瑪格麗特」號，在它的艙單上標明：裝有19塊銀錠，11.8萬枚銀幣，還有34根金條和一些金盤，共計1488盎司，以及銀器、銅錠、煙草。船上14名旅客都帶有各自的珠寶，同時船上還藏有大量的走私黃金和白銀。它簡直是一座浮動的寶庫。

　　「聖瑪格麗特」號能安全抵達目的地嗎？在前面的海域上會不會有出現颶風？

　　艦隊特意挑選一個晴朗的天氣出發，日落時艦隊到達東去的方位，然後轉向北方趕上墨西哥灣流，一切似乎還算順利。然而一股未預測到的颶風進入了佛羅里達州，漸漸逼近「聖瑪格麗特」號。

　　第二天早晨，狂風吹打著艦隊。起初艦隊還能按預定航線前進。黃昏時，大風逐漸增強。在滔天的巨浪中艦隊被吹得七零八落，財寶船被狂風刮進了佛羅里達州的暗礁和淺灘中。巨浪怒吼著衝向佛羅里達暗礁，騰空而起，飛濺到遠處的淺灘。

　　「聖瑪格麗特」號船長向四周張望，發現它的姊妹船「亞特查」

號正在浪濤中掙扎。就在他看到它的一刹那，那艘船沉沒了。彷彿受到了「亞特查」號的蠱惑，「聖瑪格麗特」號也劇烈地震動起來並迅速地衝向淺灘。

當颶風離去，大海恢復平靜時，只有68名倖存者在沉船的殘骸中漂浮。他們大多數被經過此地的船隻救起，其餘的120多人全部失蹤。颶風在50海里長的航線上摧毀了八條船。「聖瑪格麗特」號和「亞特查」號都沉入佛羅里達淺灘。

有寶藏的地方，就會留下探寶者的足跡，「聖瑪格麗特」號成為探寶者尋覓的對象。

尋找財寶的打撈工作立刻開始進行，但始終一無所獲。直到哈瓦那政治家佛朗西斯哥・奴奈茲・梅連獲得一份從西班牙王室得來的合同，真正的搜尋和打撈工作開始了。

梅連的水手用一只銅潛水鐘，發現「聖瑪格麗特」號上的主要壓艙物。接著梅連的打撈者們撈出199塊銀錠和30000多枚銀幣。梅連大喜過望，打算對打撈工作投入更多的金錢和精力。

這時，與西班牙敵對的荷蘭就在鄰近海域徘徊，為了避免不必要的衝突和麻煩，梅連只好撤離。之後，梅連重返沉船處，又打撈出188塊銀錠、幾千枚銀幣、1只大錨、8門銅炮、一些銅皿和銀器，但是大量的財寶仍然留在海底。

梅連準備繼續打撈，但是他被委任為委內瑞拉的總督，去加拉加斯上任。打撈「聖瑪格麗特」號的工作就此中止。「聖瑪格麗特」號打撈清單送到了西班牙，存放在安第斯檔案館。

隨著時間的推移，西班牙的實力不斷衰弱，失事的船隻和它們的巨額財寶，便只能埋葬在佛羅里達淺灘外的沙底被人們遺忘了。

　　幾百年過去了，資深的打撈者梅爾因‧A.費西根據從西班牙檔案館搜集到的材料提供的線索，發現了「亞特查」號上的大錨和其他一些物品。但是明明沉入佛羅里達的「聖瑪格麗特」號，卻猶如一艘「幽靈船」，被謠傳沉在不同的地方。

　　檔案館的資料有些地方也模糊不清：一份資料上標明「聖瑪格麗特」號在「亞特查」號以西3海里處，而另一份資料卻把它標在「亞特查」號東面1海里。它到底在什麼位置，誰也說不清楚，但是仍然有尋寶者在繼續尋找它的影蹤。

　　費西計劃進一步打撈「聖瑪格麗特」號的步驟，這次他與打撈者羅伯特‧喬丹簽署了一份合同，喬丹在搜尋中協助費西一起工作。

　　最初幾天在「亞特查」號西面用地磁儀搜索，但是毫無發現，喬丹駕駛他的「卡斯第連」號來到東邊搜索。不久，在一片寬闊的沙灘邊緣，地磁儀在坐標圖上繪出獨特的線條，喬丹在此下了錨。潛水員發現一隻小錨，接著發現了一個6英尺寬的大鍋。一個電子儀器引導「卡斯第連」號駛向北方。讓他們興奮不已的是，在他們下一個停船處的海底鋪滿了壓艙石、西班牙陶器，他們還打撈上來4枚被一塊厚皮包纏著的銀幣。

　　在第一個發現點以北的淺水中，「卡斯第連」號的潛水員發現了3塊很沉的大金塊。回到碼頭後，每個人都在猜測：這是一條什麼船，會不會就是「聖瑪格麗特」號？

幾天後，費西的兒子，又來到上次發現銀幣的海域，他潛入水中，驚奇地看到6塊銀錠整齊地排成兩行，間隔非常勻稱地靠在岩石上，在清澈的水中一條被壓艙石、銅錠和密集的裝飾物覆蓋著的，大約23英尺長的木船的大部分。

繼續在周圍的區域打撈，又發現了一塊金塊、兩塊大銀錠和一隻小銀碗，還有搖沙器、炮台、盤子等。

他們花了很大氣力才把一包重105磅的銀幣拉上船。這些銀幣還保持著原來放在箱子裡的形狀，但盛放它們的木頭箱子早已腐爛掉了。

銀錠上的標誌與「聖瑪格麗特」號的艙單完全符合，這艘船就是「聖瑪格麗特」號。潛水員們靠近「聖瑪格麗特」號沉沒中心的地點，碰到了一條「富礦帶」：11塊大金塊，4塊小金塊，4個大金圓盤，5枚小埃幣斯庫金幣，6塊小銀錠，2塊古巴銅錠和581枚銀幣。

接下來的可以被稱為「金項鏈日」。當潛水員在一塊銀錠周圍用手摸索時，一根大金鏈突然跳了出來。

接著一根接一根，全附在一起纏成一個金團，共有15根。其中最大的一根有149個裝飾鏈接。在「維格羅娜」號附近，不久又發現了6塊金塊和1個金盤。

1981年深秋，從「聖瑪格麗特」號打撈的全部財寶證實，它們是撒落在一條長4000英尺的航道上。發現的金塊、金條、金盤重達118磅，還有180英尺長的金鏈和56枚金幣。這是迄今為止從西班牙沉船中打撈的黃金數量最多的一次。

費西根據從西班牙檔案館搜集到的材料提供的線索，發現了「亞特查」號上的大錨和其他一些物品。

但是明明沉入佛羅里達的「聖瑪格麗特」號，為什麼會被謠傳沉在不同的地方？為什麼檔案館裡與「聖瑪格麗特」號相關的資料也模糊不清？是不是有人不想讓尋寶者找到這艘裝滿寶藏的沉船？

加
勒比海底的沉船寶藏

　　自從哥倫布發現新大陸以來，西班牙佔領了南美洲的廣大地域，掠奪了大量財富。16世紀中葉，西班牙已成為歐洲最強大的國家。它擁有一支當時世界上最龐大的海上艦隊，壟斷著許多地區的貿易，將殖民勢力範圍擴展到歐、美、非、亞四大洲，成為稱雄一時的「海上霸主」。那時，西班牙運送金銀財寶的艦隊，是遼闊的大西洋上一道最為壯觀的風景。每年春天，這些艦隊從西班牙耀武揚威地出發，渡過大西洋來到美洲大陸，裝滿了從這些地方掠奪來的金銀財寶，然後浩浩蕩蕩地返回本國。

　　然而，此一時彼一時，作為近代史上第一個龐大帝國的西班牙，此時國力已嚴重衰退，代而崛起的是荷蘭、英國和法國。在這種形勢下，西班牙政府迫於國內戰火的壓力，只好從印第安人那裡拚命搜刮黃金和各種貴重物品。為了聚斂更多的財富，那些殖民者不惜公然燒殺搶掠，在曾經號稱「用金銀鋪砌而成」的印加帝國，對當地百姓敲骨吸髓，不惜一切手段，把那裡所有的財寶劫掠一空，然後定期裝船運回西班牙本土，以解決其困窘的財政問題和軍費開支。

　　1708年5月28日，是一個晴朗的日子，一艘西班牙大帆船「聖荷西」號緩緩從巴拿馬超航，向西班牙領海駛去，這艘警備森嚴的船上載滿著從南美搜刮來的金條、金幣、金鑄燈台、祭祀用品的珠寶，其

價值共約10億美元。

　　當時，西班牙正與英國、荷蘭等國為敵，雙方都處於咄咄逼人的狀態。英國著名海軍將領韋格正率領著一支強大的艦隊在附近巡邏，危險會隨時降臨。然而「聖荷西」號船長費德茲是個既狂妄又盲目自信的人，他總是心存僥倖，認為自己敢想敢衝，一定能闖過這一關。

　　剛開始出航，「聖荷西」號帆船還真是平安無事地在海上安全航行，一路順風。二十多天過去了，隨著西班牙港口越來越近，費德茲船長也越來越洋洋得意，他甚至有一天在船上的晚宴上第一個翩翩起舞，由此可見他的心情是多麼輕鬆悠閒。

　　6月8日，一個水手突然發現在前面的海域上出現了一字排開的英國艦隊，當時就驚叫起來。費德茲船長聽到喊叫聲當即跑出房間，還沒等他明白到底是怎麼回事，英國人的大炮就對著「聖荷西」號一齊開了火。炮彈是呼嘯著從天而降，猛然間，水柱沖天。幾顆炮彈落在「聖荷西」號的甲板上。船員們甚至來不及有任何反抗，更來不及把那些價值連城的寶藏用小划艇運走，就在硝煙瀰漫中被奪去了性命。隨後，海水漸漸吞噬了這巨大的船體，「聖荷西」號連同600多名船員以及那無數珍寶沉向了海底。

　　三百年後，西班牙人沒有忘記這條裝載珍寶的船隻。從20世紀70年代以來，他們曾以各種名義，多次派人前往沉船海域附近勘察。經過多次探測，到80年代初終於弄清了沉船地點。它在距哥倫比亞海岸約16英里的加勒比海740英尺深的海底。但是這片海域現在已屬南美

洲國家哥倫比亞所有，西班牙人想要前去打撈，必須經過哥倫比亞政府的批准。而哥倫比亞人也知道這條沉船裡有巨大財富。因此，他們一直拒絕別國的尋寶者或探險者前來打撈，更不准別國政府插手。

1983年，在哥倫比亞公共工程部長西格維亞的幾次說服下，哥倫比亞總統終於正式宣佈，當年沉沒的「聖荷西」號船上所有的寶藏，皆屬於哥倫比亞國家財產，任何個人團體和任何組織的尋寶者沒經過哥倫比亞政府的批准，都不得打撈這些寶藏。

最近幾年，哥倫比亞政府已把打撈這批藏寶的計劃，提到國家有關部門的日程上來，並待計劃一旦時機成熟，就正式按計劃打撈。但全部打撈費用估計高達3000萬美元，由於哥倫比亞動盪的國內情勢，真正的打撈何時才能實現，誰也說不準。因此，「聖荷西」號沉船的位置雖然已經大致確定，但船上的珍寶想要重見天日，尚在未可知之期。

佈
滿金塊的河床寶藏

每年有上千萬的遊人來到俄勒岡，他們對俄勒岡州的高山、峽谷、大河、深湖、懸崖、峭壁和瀑布流連忘返。但是對熱衷尋寶的人來說，讓他們最感興趣的是那條「佈滿金塊的河床」。

真的有「佈滿金塊的河床」嗎？故事的發生，還需從19世紀初開始說起。

1804年，美國人威廉·克拉克和梅里韋瑟·劉易斯率領探險隊，成功地進行了第一次橫越美洲大陸的考察，在印第安人幫助下，他們到達了哥倫比亞河。

後來，他們兩人被當時的美國總統傑弗遜，任命為密蘇里州和路易斯安那州的州長。從1810年，美國開始往這一地區移民。

不久，在遠方的拓荒者中流傳著這樣一個傳說：在西部俄勒岡的「彩虹盡頭」，有一條佈滿黃金的河床，還有數不清的鑽石和翡翠。這個美麗的傳說很快傳遍世界各地，幾年後，人們像潮水般湧向西部俄勒岡。

當移民來到俄勒岡時，印象最深的就是到處都是河流，許多移民無法在哥倫比亞河上穿河而過。巨大的礁石、湍急的河水顛覆了他們的船隻，不計其數的人葬身魚腹。

為了尋找「彩虹盡頭」的黃金和鑽石，從1840年開始，成千上萬

人聚集在密蘇里，準備踏上這大約需要半年時間才能走完的2000多英里的路程。歷史學家統計，這條2000多英里長的淘金路上共有34000名開拓者的屍骨鋪墊，平均每英里死亡17人。

當年，一般來說，拓荒者的隊伍大都控制在由一百個家庭組成。在向西行進的路上，這些家庭都駕著被稱為「車皮」或「草原帆船」的敞篷馬車。為了抵擋印第安人弓箭的襲擊，這種車的帆布帷幔要足夠厚實。拓荒者們把它當做「車輪上的要塞」。

1845年秋天，有六支前往俄勒岡的隊伍，共292輛車聚集在伏特‧博伊斯。他們已經從家鄉出來五個多月了，一路上受盡了磨難，好多人被折磨得皮包骨頭，有的人實在堅持不住想打退堂鼓。但所有人都知道，不論前面有多少艱難險阻，他們都必須要通過藍山，再從那開始前往哥倫比亞河。

就在人們最為惶惑不安的時候，有個自稱經驗豐富的嚮導——斯戴維‧密克來到拓荒者面前，此人說找到了一條新路，這條新路比起以前通往俄勒岡峽谷的路不但平坦，而且還可以少走200英里的路程。斯戴維‧密克還許諾，他不但願意為這些拓荒者作嚮導，嚮導費還很便宜，沿著他找到的新路走，每輛馬車他只收五美元。

很多人都不相信斯戴維‧密克作出的承諾，他們寧願沿著過去的老路走，也不願意跟這個新嚮導少走那200英里路。

最後，只有1000多人被斯戴維‧密克說服，表示願意跟隨他走捷徑。

當年有兩個名叫薩姆‧帕克和海瑞特的人寫的日記，或許我們

可以瞭解一下大概的情況，「隊伍於8月24日離開了通常的俄勒岡峽谷，穿過蛇河沿馬修河逆流而上。

第一天我們通過了碎石和丘陵地帶，來到了大塊的岩石地區。車子拋上拋下，車輪辟里啪啦地不斷斷裂。車上的人被顛簸的頭暈眼花。頭一天就三輛車不能走了，第二天又有五輛。就連牛和馬的蹄也裂了，有幾頭牲畜聲嘶力竭地最後狂叫一聲，就一頭栽倒再沒有起來」。

「9月5日，隊伍穿過一條河，來到馬修河邊的平原。這裡的水渾濁不堪，我們在附近走了好幾天，轉得暈頭轉向也找不到路。最後，斯戴維‧密克終於承認他迷路了。

9月11日我們來到了銀湖附近幾個沼澤地的池塘邊。這裡水少草乾，不論跟隨我們的2300頭牛，800頭公牛和1000多隻山羊，還是我們這一千多人都乾渴難耐，人和牲口都已不能再堅持，現在的問題是，我們或者坐以待斃，或是繼續走，順路送死。」

「好多人覺得受到了斯戴維‧密克的愚弄，有人憤怒之下甚至想打死他，多虧老人們勸阻，才饒他一命。」

「為了找到水源我們分成了好多小分隊。9月16日，終於有一支小隊帶回了好消息——營地北面30英里處發現水源。大批隊伍馬上出發，第二天早上到了泉邊，隊伍沿著庫克河多山的水邊前進，疲憊的人們在陡峭的山坡幾乎寸步難行，穿過乾涸的河床，又過了幾天我們終於發現新的水源。」

「9月底的一天傍晚，具體日期已不能確定，當我們疲憊地用盡

最後一絲力氣爬過一座山時，看見了一條清澈的河流！它緩緩地穿過被草覆蓋的山谷。

一小時後整個車隊全部到達河岸，婦女們開始在周圍拾柴生火，準備晚飯。天是藍的，到處青蔥翠綠。不用再被關在車中的孩子們高興地在河邊嬉戲。他們在淺淺的、清澈的河裡找到好多閃閃發光的黃色小塊，跑向父母，驕傲地向他們展示發現的金屬塊，大人們告訴他們這是黃銅。

到了晚上，孩子們仍然在水中玩耍，撿了好多閃光的石頭堆成小堆玩。第二天早上到了出發時間，有幾個孩子趕緊撿了一些美麗的石塊放在木桶中，準備在路上玩。隊伍繼續疲憊地爬山。」

「人們太疲勞了，死了很多體弱多病者。9月23日埋葬了四人；9月24日埋葬了六人；9月29日埋葬了三人；9月30日埋葬了五人。9月30日，我們來到庫克特河的主流，10月2日到達杜捨努特河，最終河水把我們帶到了哥倫比亞河邊的達拉斯村，令人沮喪的是，許多人儘管丟掉性命，但並沒有找到傳說中的黃金河床及它裡面的寶藏。」

然而事實又是如何呢？他們真的沒有找到黃金，還是走到了到處都是黃金的黃金堆面前卻「目不識金」呢？

三年後的1848年，當他們經歷了千難萬險到達加利福尼亞之後，有個好奇的家長把那些黃色小塊送到鑑定部門去檢測，鑑定的結果令所有人大吃一驚，原來，那竟然是世界上純度最高的金子！

直到那時，人們才恍然大悟，好多人大聲驚呼，上帝啊！還記得三年前九月底的那天傍晚嗎？還記得那些孩子在一條河邊玩耍時撿到

的那些閃閃發光的東西嗎？他們拿許多塊黃金拿給父母看，但愚蠢的大人竟然告訴孩子們說那是黃銅！

那是怎麼的一條佈滿金塊的河流！以至於孩子們能把它們堆成堆。但沒有一個大人想到它們的價值。只可惜在路上玩耍時，好多孩子都早已把那些小黃金塊扔掉了，剩下的微乎其微。

因為孩子們把金塊裝在木桶中，同時隊伍的車被漆成藍色，所以直到今天人們尋找的金礦仍被稱為「消失的藍桶礦」。

也有人想起了那個當年的嚮導斯戴維・密克，是他把那1000多人帶到那個佈滿了金塊的河流的，可是當時人們竟差一點要殺死他。

後來發生的事情可以想像，三年前曾在那條佈滿金塊的河床邊待過的拓荒者們得知內情後，許多人追悔莫及，抱恨終生。越來越多的拓荒者回憶起旅程的細節，和當時孩子們找到金子的地方。

1849年春天，第一支去馬修縣尋找被稱為「斯戴維・密克的捷徑」的金河勘探隊出發了，隊伍由100名騎手60頭馱載牲口組成，由當年的見證人馬丁帶領。馬丁找到了返回馬修河的路，但遺憾的是，他們還沒等走到那個地方，就被印第安人襲擊並搶走了他們的馬，只好落荒而逃。

在那之後的十幾年裡，不斷有尋寶隊出發。但此後沒有一個人再找到那條黃金河。

1861年，正當好多人已經對此事絕望時，突然有當年的拓荒者想起來，就在當年的9月份發現金子前不久，有一個叫賽瑞普塔・坎博的女人死了並埋在那裡。在她的墳邊，人們還在一塊石頭上刻了她的

名字和日期。這個新的線索馬上引起了轟動。

於是，許多勘探隊開始尋找賽瑞普塔‧坎博墳墓的位置，1880年，一個老探礦者幸運找到了那個墳墓，但在它的西邊並沒有發現金塊，他失望而歸。

據說兩個法國人在那個老探礦者之前捷足先登，找到了那個地方，甚至還找到了那條有金子的河。但因遭遇印第安人襲擊，他們逃離了那個地方。為了怕黃金落到別人的手裡，在此之前他們曾經故意挪動了墓牌，所以除了他們之外沒有人再找得到那條金河。

漢瑞‧巴納斯‧瑞文是一個富有的馬修縣牲畜商，對「藍桶礦」很感興趣。憑著當過嚮導的經驗，他追蹤到拓荒者隊伍舊時留下的痕跡。瑞文根據痕跡從蛇河開始，沿著馬修河，穿過峽谷和山澗，在馬修河北部岔口附近一棵刺柏處找到了坎博的墓碑。

因為他聽說墓碑被挪過，所以他就掘開墳墓尋找骨頭。但是，他也在這兒碰壁了，墓碑底下什麼也沒有。他繼續向西尋找，仍一無所獲。

令他和後來的尋找者沮喪的說法是，這並不是那個墓，隊伍根本沒向北走那麼遠，而只是在馬修河北岔口安營。所以後來很少有勘探隊來此。

儘管屢次碰壁，好多人還是沒有放棄。直到1950年，人們終於真的找到了坎博的墓碑，墓碑上寫著：坎博女士，1845年9月3日。經拓荒者重新認證，她的名字叫賽瑞普塔‧金坎博，是羅蘭‧坎博的夫人，她確實曾參加過密克帶領的拓荒者隊伍。

她的後人確認了死亡日期。根據帕克和海瑞特1845年9月5日的記錄，隊伍過了河進入今天的克蘭普雷里，從坎博女士的墓開始引路人一定是徑直向南轉，在兩天內到了那裡，據此「藍桶礦」應該就在馬修河北岔口和克蘭普雷里之間。

當然，這只是那些拓荒者的後代們一輩又一輩流傳下來的一種說法。

這個經過了一百多年流傳下來的「說法」，與當年的實際路線到底有多大的出入？佈滿金塊的河流真的存在嗎？這個美麗的傳說可信嗎？

神祕消失的
寶藏之謎

失
落的加州「黃金湖」寶藏

　　提到美國的加州，人們通常會聯想到海水、陽光和沙灘。但對熱衷尋寶的人來說，他們對加州地圖上標出的大大小小的「黃金湖」更感興趣。

　　那麼，加州地圖上這些「黃金湖」是從何而來的呢？事情要從1834年說起。

　　1834年春天，瑞士人奧古斯特‧蘇特為了逃避債務來到紐約。五年後，奧古斯特‧蘇特成為加利福尼亞最有名望的人。1839年，墨西哥總督胡安‧巴蒂斯塔‧阿爾瓦拉多，將薩克拉門托河邊的大片地產轉讓給他，在其他瑞士移民的幫助下，蘇特很快把這裡發展成了繁榮的移民區新埃爾韋西亞。他在這裡建起了一個極具特色的城堡，後來在這周圍形成了今天加利福尼亞州的首府薩克拉門托。

　　1847年，蘇特決定建一個鋸木廠，找來當地的木匠約翰‧馬歇爾。為了便於在河邊進行建築工作，馬歇爾讓人開了一道水渠。一天早晨，馬歇爾巡視水渠，發現水渠的水中有黃色的東西閃閃發亮。他從水中剗起一鐵鍬石英和「閃光物」，幾分鐘就挑出幾個核桃大的金塊。馬歇爾放下工作，去找蘇特私下密談。

　　馬歇爾讓蘇特看手裡的黃金顆粒和沉澱物，低聲說道：「我相信這是金子。」蘇特很快確定這是黃金，他告訴馬歇爾不要聲張此事，

過幾天他親自去鋸木廠。

　　事後蘇特在日記中寫道：「馬歇爾先生為一件非常重要的事來到這裡。」四天後，他又寫道，「2月5日回到了新埃爾韋西亞。因為鋸木廠需要食物，我回來後派瑞士馬車伕雅格布·維特梅去那裡。」

　　馬車伕是個酒鬼，在途經薩穆埃爾·布萊南的小酒店時，他要了一瓶白蘭地。酒店老闆向這個一向喜歡賒帳的馬車伕要酒錢時，沒想到他這次十分痛快地把一小把金粒扔在櫃檯上。

　　在2月14日的日記中，蘇特已經預感到事情有些不妙，他寫道：「馬車伕維特梅從山裡回來，逢人便說那裡發現了金子，這也許不是什麼好事。」

　　事情的結果比蘇特的預感更糟糕。鋸木廠發現金塊的消息很快就傳遍了全世界。大批淘金者來到美利堅河邊，每天都有幾百個淘金者經過蘇特的城堡，並在他的領地上安營紮寨。這些瘋狂的淘金者到來之後，燒毀了他的農場、鋸木廠、船廠和倉庫，屠殺了他的牲口。最後，蘇特的農場裡所有能搬走的東西都被拿走了，只剩下一個刻著「1848年1月發現的首枚金子」的金戒指。一貧如洗的奧古斯特·蘇特離開了加利福尼亞，來到華盛頓定居。

　　淘金狂潮很快就席捲了整個加利福尼亞和美國北部。成千上萬的人在這兒翻土掘地，恨不得挖地3尺一下子翻個底朝天。在以後的幾十年中，加利福尼亞流失了大量的黃金。

　　費城記者理查德·斯托達德是一個喜歡異想天開做「黃金夢」的人。1848年的一天，他在報紙上看到加利福尼亞發現金塊的報導後，

用盡所有積蓄購買了勘探的裝備，第二天就離開了編輯部。

1849年11月底，加利福尼亞的山上大雪紛飛，一個男人跟蹌著走進了尤巴河北岔口邊的唐尼維爾的「黃金國」飯店中的一個小酒館。這個男人看上去非常疲憊，他進門後把一顆小金塊放在桌上，要了些食物，跟他的鄰桌聊了起來。他自我介紹自己是一名來自費城的記者，名叫理查德‧斯托達德。他跟一個同伴加入了一支淘金隊伍，他們跟隨著隊伍來到中部草原。在內華達的洪堡河邊，嚮導在一個路人的指引下找到一個容易通過的山口，即戈弗雷─雅伯拉夫山口。

走上這條新路後，他們吃盡了苦頭，在伊格爾湖附近他們幾乎斷了糧，為了不被餓死，斯托達德和他的同伴離開營地，獵獲了兩隻鹿，當他們決定返回營地時，發現已經迷路了。他們在叢林和山谷中亂轉了幾天，發現自己仍在原地轉圈。三天後，他們來到一個綠色的山中湖泊邊，他們在湖邊宿營。第二天早晨，兩個人來到湖岸邊洗臉，突然看見水中散佈著黃色的金屬，他們從中撈出一些，立刻辨認出這是金塊。湖底被黃金覆蓋著，他們的背包裡裝滿黃金，記住了湖的位置。

第二天，他們正沿著一條河流行走，突然遭到了印第安人的襲擊，斯托達德的同伴中箭身亡，他在危急關頭躲進了岩石的裂縫中倖免於難。這時斯托達德才發現自己的腳受傷了，幾乎寸步難行，根本拖不動裝著金塊的背包。他在岩石中發現一個洞，把金塊藏進洞裡。第二天晚上，斯托達德一步步走到酒館。

酒館裡所有的男人都被這個離奇的故事迷住了，當天晚上黃金

湖的消息，飛快傳遍唐尼維爾和整個山區。幾星期後，《索諾拉先驅報》發表了一篇與此有關的文章，想像力豐富的記者對黃金湖地區的印第安人大肆渲染，說他們像秘魯的印加人一樣，所有的日用品都用黃金製作。

1850年2月中旬，斯托達德的腳已經康復，他悄悄組織了十個人，準備勘探黃金湖。經過三個月的精心準備，他們決定在一個大雪紛飛的夜晚悄無聲息地進山。但是當斯托達德爬上一座山辨認方向的時候，他嚇呆了，因為山谷裡跟蹤他來的至少有五百人。

他們行經北部山脈、尤巴河岔口、梅多山谷和巴特水山谷，經過阿爾馬諾湖，從內華達城出發大約四星期後，到達了拉森峰山腳下的一個寂靜的山谷。拉森峰是這個地區中海拔最高的地方，他們在此逗留了幾天，斯托達德從一個山頂爬到另一個山頂，他試圖辨認出一條熟悉的路線或丘陵，希望這些能給他指明正確的方向。

在第四天晚上，斯托達德不得不承認他走錯了路，再也找不到方向了。但是人們並不這樣認為，以為他想獨吞金子，故意誤導他們。斯托達德憑藉自己的口才說服了大家，他請求寬限二十四小時，如果第二天傍晚，他找不到金子，大家就處死他。

斯托達德心裡明白，想一天之內在荒野裡找到一個小湖的可能性太小了。如果找不到黃金，這些淘金者肯定不會放過他。於是他決定逃走，從那以後再也沒有人見過他。

斯托達德當年逃走的那個山谷，被命名為「最後機會山谷」。如果理查德・斯托達德說的是真話，那麼這個至今下落不明的黃金湖就

在山谷附近的某個地方。

　　第二天早晨，憤怒的淘金者發現斯托達德逃走了，他們四處尋找黃金湖，登上該地區所有的山峰，勘察每一個山谷。一些淘金者還在拉比特河岸邊定居下來。

　　多年來，幾代淘金者在山裡尋找著黃金湖，有的人也找到了不少黃金，但是始終沒有找到理查德・斯托達德的黃金湖。雖然在加利福尼亞的地圖上有幾個大大小小的名為「黃金湖」的湖泊，但是誰也沒有在那些湖裡發現過黃金。黃金湖究竟在哪裡？只有幸運的人才能找到它。

瑪
迪亞海底寶藏

　　1907年，一位希臘的打撈工人，在北非的突尼斯東部的瑪迪亞海底，看到了像軍艦大炮樣子的文物。不久之後，潛水工人又在附近海底發現了很多雙耳陶瓶和青銅製品的碎片。

　　打撈上來的文物，向當時法屬突尼斯的海軍司令官傑‧拜姆海軍大將，做了報告並將文物移交給官方，拜姆動員潛水員進行調查。其結果證明：被看成海底大炮的文物，並不是大炮，而是希臘浮雕的大理石伊奧尼亞式圓柱。

　　這一發現在歐洲的學術界引起了極大的轟動，為20世紀初考古學調查的發展提供一個實習機會。調查由古文物部來負責進行，並任命突尼斯古代文化研究所所長阿爾弗雷德‧邁爾蘭為調查隊隊長。邁爾蘭推測在這一海底埋藏有羅馬時代的沉船，並意識到調查決非尋常，突尼斯當局、法國海軍都給予援助，且集中了希臘、義大利的一流潛水員，從1908年到1913年共進行五次調查。

　　對於距陸地6公里，海流非常急，而且水深40米的海底調查來説，技術上受到各種限制，而且沉船完全被埋在河底淤泥中，使發掘作業極為困難。但潛水工人們的熱情和耐久力克服了所有困難，遺物被安全打撈並確認了沉船的遺存狀態。

　　沉船中，有最早報告説的像大炮的東西，實際上是大理石圓柱，

共六排約六十根，還凌亂地散佈著柱頭、柱礎以及其他大理石的建築材料和雕像等。雖然打撈上來了雙耳陶瓶等部分文物，但大部分遺物仍然留在海底。負責直接指揮海底作業的塔拜拉大尉，出於希望今後能繼續進行調查的考慮，向突尼斯檔案館提交了調查報告。現在，這一報告書擺滿了突尼斯的巴爾特博物館的五個展覽室，不僅是打撈上來文物的說明書，同時也是研究這些遺物最原始的資料。

但是，當時的潛水技術和調查方法，無法繪製出能將船體復原的實測圖，也無法將船體打撈上來。儘管如此，潛水工人們仍然採集打撈出各種文物，並在海底淤泥的清除過程中，搞清了下面厚約20厘米的木材堆積層和其分佈範圍，並確認了這是船的甲板，還瞭解到打撈上來的遺物是甲板上的貨物。在甲板下的船艙裡裝滿了大量的細小貴重品，在更下面的船艙中貯藏著很多的大理石藝術品，其中主要有希臘雕刻家加爾凱頓刻有「波埃特斯」銘文的「海爾梅斯」青銅像和同樣大小的「奔跑的薩爾丘斯洛斯」青銅像、大理石「阿弗洛迪忒」半身像、牧神「波恩」的頭像等。此外，還有燭台、傢俱等日用品和希臘阿提加工精美的酒杯。其中帶有銘文的「海爾梅斯」像被認為是希臘時代著名的珍品。

這艘沉船據推測，是滿載羅馬從希臘掠奪的藝術品及其他貨物的大型運輸船，船從雅典的皮萊烏斯港出航，在駛往羅馬的途中，向南漂流時沉沒。該船長36米多，寬10米多，大概是無槳的橢圓形帆船。從當時的造船技術看，似乎是為了運送沉重貨物設計的。其年代根據遺物的研究推定公元前2世紀末到公元前1世紀初。

隨著對遺物的文化性質及船體構造的研究，瑪迪亞沉船逐漸在學術界引起較大的反響。法國著名史學家和美術評論家馬爾塞爾‧布利茵對這艘沉船的調查給予高度的評價和讚揚認為是「水下考古學的最早的勝利」。他同時寫道：「在海底發現了希臘遺留給貪婪的羅馬人的全部美。」

美術史學家薩羅門‧雷那克曾經為邁爾蘭的工作籌集資金而奔走，他讚揚這一調查成果「是公元79年維蘇威火山爆發中，被掩埋的古代義大利城市赫庫蘭尼姆和龐貝被發現以來，考古學界最偉大的發現」。他還根據對發現文物的考證，搞清了遺物中的燈，為羅馬時代的作品，考證出該船的年代。據他考定，該船是公元前86年征服掠奪雅典的羅馬執政官魯希阿斯‧斯魯拉有組織的將掠奪品滿載運回羅馬，而在途中遇到暴風，飄流到瑪迪亞海域沉沒的貨船。

斯魯拉是羅馬共和時代的猛將，深得人民的擁護，具有卓越的指揮才能。他征戰生涯中最大的功績是征討小亞細亞的蓬茲斯。據說他在當時已獲得很多的戰利品，但為了掠奪，他又率領羅馬軍隊進一步入侵雅典。他在那裡下令拆毀奧林匹亞的一座神殿，將大理石建材和雕塑裝上運輸船隊送往羅馬。有的史學家說，他打算用這些戰利品在羅馬復原神殿，以作為他的勝利紀念碑裝點城市。據說這一船隊繞行到義大利半島與西西里島之間的墨西那海峽時，突然遇到風暴，其中一艘向西南方向漂流至北非近海沉沒，一直在海底厚厚的淤泥下沉睡了二千年。也有人反對這一觀點。由於其沉沒地點靠近北非的突尼斯近海，貨物不都是極佳的藝術作品，也有被認為是訂貨的燭台和其他

物品，還有大理石建材的半成品，據此以邁爾蘭為首的包括水下考古學熱心的支持者菲利浦、迪奧萊等都站在反對雷那克觀點的立場上，認為船上的貨物是商品，船是商船。此兩種論點至今均未找出更為確切的論據。這就意味著滿載希臘藝術作品的瑪迪亞羅馬沉船仍然是一個謎。

瑪迪亞調查雖然還沒有結束，但其成果已使考古學家、歷史學家、美術史學家受到了極大的衝擊和震動。

在邁爾蘭調查工作三十餘年之後，隨著第二次世界大戰結束，地中海逐漸喪失了以前的戰略地位而趨於緩和，恢復了和平。因而，考古學家們再一次注意到瑪迪亞海底，計劃重新進行長時間中斷的古代沉船的調查。

法國潛水小組的庫斯特在1948年和法國海軍中尉，潛水考古學家F・迪瑪率領水下呼吸潛水小組來到瑪迪亞海域。庫斯特查閱了巴爾德博物館的發掘資料和塔拜拉的報告書，堅信瑪迪亞沉船中，還有大量藝術作品和其他文物。聲吶儀重新確認了船的規模，進一步瞭解到船的構造。並發現了其他大理石伊奧尼亞式圓柱柱頭，以及為增加錨的水平力的鉛制橫棍和其他零散船構件。但是這次水下考古，仍然沒有詳細認識船的構造。

1945年，突尼斯海中研究調查團再次對該遺址進行打撈。雖然沒有打撈出什麼藝術品，但成功的製作了準確的船體實測圖。估計貨物的總重量在200噸以上。如此沉重的貨物堆積在30米船的甲板上是絕

對不可能的。

　　1955年的調查重點放在龍骨部分，人們吃驚的發現其結構極其複雜，沒有高超的技術是不可能製成的。

　　這艘沉船運載的是拆毀奧林匹亞神殿的藝術品，還是一艘運載大理石的商船？對此問題，專家學家者也不能作出準確的回答。

The Myth of
Secret Treasure

海盜
寶藏之謎

Chapter 2

威廉·基德的寶藏

　　橡樹島的面積僅有幾十平方米，可是二百多年來，它一直吸引著一批又一批的尋寶者，他們在島上挖溝、鑽洞、築壩、開隧道，想盡各種辦法，要挖掘出那個傳說中的藏寶洞。

　　從1795年至今，這些探寶隊在島上的藏寶洞中一共挖掘到：三條銅鏈、一小片羊皮紙、一塊刻著奇怪符號的石頭。

　　二十五家尋寶公司因投入巨額資金最後兩手空空而破產。二百多年的反覆挖掘中，有的人仰天長歎知難而退，有的人葬身海底，沒有一個人能夠如願以償。

　　橡樹島下究竟埋藏著什麼？為什麼那麼多尋寶者如此不屈不撓、執迷不悟呢？

　　17世紀，橡樹島是海盜頻繁出沒的地方。著名的盜威廉·基德，是一位半神話式的海盜，在英國各個時期的文學作品中，他以最富有傳奇色彩的海盜著稱。

　　基德在倫敦被處決前，與英國政府提出一個交換條件：「如果能免我一死，我願意說出一個藏寶地點。」但是，他的要求遭到政府的拒絕。基德死後，人們得知他有一筆寶藏。近二百年來，探索基德寶藏的活動始終沒有中斷過。因為基德的藏寶不僅數目驚人，而且有一部珍寶是著名歷史文物，可以堪稱為無價之寶。如果誰能發現基德的

寶藏，一定能轟動全世界。

　　傳說中基德的寶藏分別藏在三個地方：太平洋海岸的聖埃倫娜港灣的科科洛墓洞穴、加拿大的橡樹島和位於新蘇格蘭南部。

　　最早發現橡樹島埋有寶藏的是丹尼爾‧麥堅尼，他到島上打野鴨子，卻意外地發現一塊被人開墾過的一片空地，在中間略高的地方孤零零地聳立著一棵大橡樹。在橡樹的陰影下，地上有個圓形的大洞。

　　丹尼爾對這個圓形的洞產生強烈的好奇。洞的直徑約為兩米。大橡樹的樹幹和樹皮上有很多疤痕和記號，一根樹枝上掛著一組滑輪。丹尼爾斷定，這裡可能埋有海盜寶藏。

　　第二天，丹尼爾帶來安東尼‧沃恩和約翰‧史密斯兩個小夥伴，挖掘那個洞，他們發現這個洞像個枯井，每隔20米就會碰到一塊橡木板，最終毫無發現。

　　八年之後，安東尼組織一支探險隊來到橡樹島，繼續挖掘寶藏。當他們挖到地下13米時，碰到一層木炭。又挖了3米後，發現了一塊刻有神祕符號的石板，經過專家破解，意思是：在下面80米處埋藏著兩千萬英鎊。

　　探險隊立刻恢復了衝勁，又開始繼續挖掘，在20米深處碰到一層椰殼纖維，在24米深處碰到一種油灰。挖到30米深處時，工人們用鐵桿下探，觸到堅硬物，人們欣喜若狂，他們相信那一定是裝著兩千萬英鎊的藏寶箱。當天晚上，大家研究好寶藏如何分配。

　　第二天早晨，人們驚訝地發現，洞穴裡竟然灌進20米深的海水。工人們馬上開始排水，但是海水湧入的速度比排水還快。他們又想了

幾個方案，但是都沒有成功。安東尼發財的夢想成了泡影。後來，又來這裡挖掘過十五次，耗資三百萬美元，但是仍然毫無結果。

五十年後，一支自稱是「特魯羅公司」的尋寶隊又來挖寶。他們在藏寶洞西北方向3米深處又挖了一口井，當他們挖到30米深時，就要接近洞裡的藏寶箱時，井中再一次突然進水。後來人們驚奇的發現，有一套精巧複雜的引水系統通往藏寶洞，使藏寶洞變成一個蓄水坑。

這些困難絲毫沒有影響挖寶者的熱情，後來有人在距離地面5米深處，挖出一塊羊皮紙，上面用鵝毛筆寫著兩封信，有的人還挖出了鐵板，這些發現更使人堅信：海盜在這裡埋了一筆鉅額寶藏。

橡樹島上的寶藏至今仍未露面。有些人認為財寶可能不在橡樹島，而是在附近的什麼島上。

另一處最具浪漫色彩的基德藏寶地，位於遠東的一座孤島「骨架島」上。

傳說17世紀末，基德從一個印度君主奧蘭格茲伯親王那裡搶來價值三億法郎的財富。他把財寶運到東經125度附近的小孤島上。在助手的協助下，他殺掉所有幫他藏寶的人，然後對他的助手也下了毒手。他把這些人的屍體釘在樹上，讓每具屍體的右手指向藏寶地「死亡谷」，財寶就藏在谷底下9.15米深處。

骨架島的寶藏不是一個傳說，而是確有其事。

英國律師休伯特·帕爾默在據說是基德的保險箱夾層裡發現一幅殘缺的18世紀航海圖，經過加工粘貼，發現航海圖上對一座神祕的

「骨架島」上藏匿的財寶有說明。

　　根據這份資料，後來有十三人組成一支尋寶隊，乘坐「拉莫爾納」號雙桅帆船駛向遠東，但很快在懷特島附近遭遇風暴，帆船擱淺後便杳無音信。後來有人在日本一座海島上的珊瑚洞穴裡發現一批黃金保險箱和銀條，有人推斷這就是基德的藏寶。

　　基德的藏寶地點到底有幾處？總計有多少？這些問題的答案只有他自己知道。但隨著他命歸黃泉，基德財寶成了一筆真偽難辨的幽靈寶藏，也成為藏寶史上一大懸案。

七
十三名海盜兄弟的寶藏

　　一輛囚車停在格拉斯布魯克的斷頭台旁，以克勞斯‧施托爾特貝克爾為首的七十三名北歐海盜，陸續地走下囚車，被推上了斷頭台。絞繩已經套在他們的脖子上，劊子手正準備施行絞刑時，克勞斯‧施托爾特貝克爾卻提出要見漢堡的議員，他要和議員談一筆交易，而且非常肯定地說議員一定會感興趣。議員很快來到斷頭台前，他迫不及待地想知道一個馬上要被絞死的海盜頭子，想跟他做什麼交易。

　　克勞斯‧施托爾特貝克爾向漢堡的議員提出一個條件：他捐贈給漢堡教堂一個金質的鐘樓樓頂，再拿出一個像花環一樣美麗的金錨鏈和數不盡的金幣，以此換取斷頭台上的海盜們的自由。

　　結果卻出乎他的意料，議員不但沒有對這筆交易表現出絲毫興趣，反而命令劊子手馬上實行絞刑，七十三名海盜的人頭落在了地上。隨後，這些頭顱被釘在木樁上遊行示眾。

　　漢堡議員拒絕克勞斯‧施托爾特貝克爾的請求，並不是他們不喜歡金子，而是他相信國家的尋寶人員會找到這筆寶藏。後來的事實證明，這些議員們的想法是錯的，直到今天，那位海盜船長的所有財產仍然下落不明。

　　北歐海盜們提出的金錨鏈和他們的財寶是真的存在，還是為了暫時保住性命想出的權宜之計呢？

海盜們死後不久，一個漁民買下了施托爾特貝克爾的海盜船「紅色魔鬼」號。他想把船的船板、船舷和桅桿做成木柴。在鋸斷三根桅桿時，在桅桿裡面發現大量的金幣和銀幣。這些都是海盜們搶來的戰利品。經過再三考慮，漁民沒有留下這些寶藏，把它們重新裝進桅桿裡，埋藏到一個祕密的地方。

由此可見，海盜們確實有一筆數目驚人的寶藏，但是他們會把這筆寶藏埋藏在哪兒呢？

根據分析，有人認為施托爾特貝克爾的寶藏最有可能隱藏在以下幾個地方：

第一個地點是古老的哥特蘭港口城市維斯拜，因為這個地方曾經是「糧食兄弟」一度攻佔的目標。這個城市設防十分牢固，有眾多的堡壘、強大的保護牆和二十八座碉堡包圍著。

第二個地點是波羅的海的烏澤多姆，在那個小島上有一條從沙灘通向腹地的「施托爾特貝克爾山谷」。過去，這條山路曾經通往一處海盜的藏身地。有人分析也許那裡至今還埋藏著他們的戰利品。

第三個地點位於波羅的海的呂根島，島上石窟眾多，人煙稀少。島的西面是海峽，有許多內灣、沙灘和白堊峭壁，這裡的海岸曾經是海盜的棲身之處。在過去的搶劫行動中，海盜們也曾經在此地落腳。所以，這裡一度被人們稱之為「海盜灣」。

第四個地點是波羅的海小島上的費馬恩城堡，近年來，尋寶者在這座城堡裡發現了古老工事的殘垣斷壁，此地可能是最適宜藏寶的地點。

第五個地點是東佛裡斯蘭海岸，位於馬林哈弗的聖母教堂。教堂建有60多米高的鐘樓。14世紀，這裡也是海盜們最喜歡的棲身之處。當時，大海從這裡一直延伸到離陸地很遠的地方。海盜們有可能把他們的海盜船固定在堅固的石環上，然後把搶來的東西放到高高的鐘樓裡。

第六個地點是離馬林哈弗不遠的一個農莊。從12世紀開始，這個農莊就很富裕，後來農莊的主人又把他的女兒嫁給了克勞斯·施托爾特貝克爾，因此施托爾特貝克爾有時會住在那裡。

20世紀以後，探險家和尋寶者們先後找到這六個地點，卻沒有發現這筆寶藏。這些海盜究竟把他們的金錨鏈和寶藏埋藏到哪去了？

喬治·安遜的寶藏

　　有人在查閱史料時發現一個祕密：兩百多年前，英國海盜安遜曾經在魯濱孫·克魯索小島上埋藏了846箱黃金和大量的寶藏。自從這個祕密公佈於世之後，孤寂的魯濱孫·克魯索小島突然熱鬧起來。一批又一批尋寶者，帶著大量的古代文獻資料和現代化的開採工具來到這個小島，開始在島上各處日夜不停地挖掘。

　　喬治·安遜是一位被英國女王加封的勳爵，但他同時又是一個聲名顯赫的海盜。1774年，英國海軍部委託這名海盜去掠奪非洲南部西班牙帆船，和殖民地上的財物。他所率領的中型艦隊由八艘作戰能力很強的艦船組成，這支海盜隊伍曾令所有過往的西班牙商船聞風喪膽。

　　當年，安遜就是把魯濱孫·克魯索島作為他的大本營和避難所。他們每次對西班牙船隻實施搶掠，都是從魯濱孫·克魯索島出發。

　　安遜最成功的一次勝仗，是對西班牙運寶商船的一次搶掠。據說，他那次得到846箱黃金和寶石，每箱重1300公斤，總價值高達100億美元，屬於歷代以來最巨大的一筆海盜財寶。

　　西班牙當局立即派出一艘戰艦，命令他們不論如何都要把被搶走的黃金追回來。西班牙戰艦對安遜駕駛的「烏尼科尼奧」號帆船窮追不捨。安遜是世界上著名的航海家，此人有著豐富的航海和戰鬥經

驗。西班牙戰艦誓死也要拿回被搶走的黃金。於是，雙方在海上開始了一次又一次的較量。有兩次，西班牙戰艦追上安遜的帆船，但是都被他奇蹟般地甩掉了。但是，安遜的帆船不是西班牙戰艦的對手，加上船上裝載著1100噸的黃金，航行起來很不靈活。於是，他命令部下偷偷地把船駛向魯濱孫·克魯索島附近的一個海灣，悄悄隱藏起來。

安遜的帆船在這個小海灣度過了一個平靜的夜晚，第二天天剛亮，船員們就發現了跟蹤而來的西班牙軍艦。

安遜決定把帆船上的1100噸黃金轉移到魯濱孫·克魯索島上。海盜們放下小船，把大桶轉移到小船上。小船駛離了大船的背風處，快速向小島划去。登岸後，海盜們抬著全部用鐵圈箍住的沉重的大箱子和木桶，進入了熱帶灌木叢中。他們在熱帶原始叢林中艱難地穿行數小時，爬上了一座170多米的高山。安遜在山頂找到了一個自以為十分可靠的地方，下令把寶藏埋藏在那裡。隨後，海盜用了整整一夜的時間，終於挖出了一個上下垂直達7米深的洞穴。安遜再次仔細觀察了一下洞穴周圍的環境，詳細記下了途中觀察到的各種地形、地貌特徵，把它們一一記錄在羊皮紙上，然後命令海盜們把大桶挪到洞穴邊，然後借助於厚木板和繩索將它們放入了洞穴。隨後又在上面覆蓋上石頭和一層厚厚的泥土，最後在上面用雜草把他們藏寶的痕跡徹底清除乾淨。沒有安遜的藏寶圖，任何人都無法找到這個藏寶的地點。

由於安遜的「戰績」顯赫，這位大名鼎鼎的海盜，後來被英國女王加封為勳爵，從此飛黃騰達。可是以這麼冠冕堂皇的身份，安遜只能玩味著他那張當年畫下的藏寶圖，卻再沒有機會到魯濱孫·克魯

索島上尋找那批黃金了。而除了他之外，任何人都不可能找到那批寶藏。

時間飛逝，安遜的寶藏已經在魯濱孫·克魯索島埋藏了兩百多年，這時的小島開始變得熱鬧起來。一批又一批各種身份的尋寶者，帶著不知從哪得來的大量的文獻和史料來到魯濱孫·克魯索島，開始搜尋那裡的每一寸土地，日夜不停的挖掘。然而，經過幾年折騰之後，這些人全都兩手空空地離開了。

四十年過後，魯濱孫·克魯索島下了一場暴風雨，大雨在島上造成了土石流。雨過天晴之後，有人在山谷中意外發現很多銀條和少數幾粒紅寶石混在泥沙裡。於是，人們立刻聯想到是大雨把安遜當年埋藏的寶藏，從高處沖刷出來而散落在山谷裡。這個消息傳出之後，大批的尋寶者再次來到這個小島，但是他們又一次失望而歸。

十年之後，一位荷蘭裔的美國人貝爾納得·凱澤對安遜當年埋藏的黃金產生了強烈的興趣。他從島上唯一的一家名叫「阿爾達·丹尼爾·笛福」的旅店老闆娘那裡，獲得了有關「安遜黃金」的訊息，便立即開始了搜尋，並自稱找到了那個藏寶洞的確切地點。

智利政府有關部門也很快得到了這個消息，並立即發表聲明，稱這個島屬於智利領土，沒有智利政府批准任何人不得私自挖掘寶藏。隨後，他們和這個美國人開始了艱難的談判。最後雙方達成協議：假如他找到那846箱黃金，必須把所得的寶藏75%歸智利政府及魯濱孫·克魯索島上的居民，剩餘的25%歸他自己所有。

貝爾納得‧凱澤的挖掘小組開始尋寶。他們用小型推土機等現代化挖掘工具在山頂上晝夜不停地開始挖掘，但地下除了石頭還是石頭，最後只好宣佈放棄，智利政府等待的利潤分成也泡了湯。

　　美國人走了，別的尋寶者還會來。在以後的歲月中，只要傳說中安遜的那846箱黃金不見天日，魯濱孫‧克魯索島就永遠無法安靜。

張
保仔的寶藏

　　清朝著名的海盜張保仔曾扼守瓊州海峽，專門襲擊清廷官和外國侵略者的商船，截獲了大量的金銀財寶。在廣東省珠海市的高欄島上，一直流傳著張保仔藏寶的傳說。

　　張保仔少年加入反清復明的紅色幫組織，後來歸順朝廷。他統治紅色幫期間，一直以台山縣上川島為根據地，劫掠了許多清廷的進寶船和過往的商船，搶得了大量金銀珠寶。他將掠奪的財寶分為三分，天一份，人一份，地一份。天一份，祭天後用於資助當地貧民；人一份，獎勵有軍功的將士；地一份，挖地窖密藏起來以備急需。

　　據傳張保仔的巨額寶藏就埋藏在上川島，藏寶地點被他記在一個手抄本上。但如今，這個珍貴的手抄本失傳已久，留下的只是一些口耳相傳的祕訣與經驗。

　　島上的幾代人都在暗地裡尋找這一批傳聞中的珍寶，而且口耳相傳一些祕訣與經驗。比如有的人說，在初一、十五月亮上升到天空某個位置，就可以根據藏寶圖的指引，找到萬兩黃金。慕名前來此地尋寶的人如過江之鯽，但卻一直沒人能夠找到埋藏寶藏的地點。

　　在上川島沙欄心村公路兩側的山上，有一塊叫做「欖仔」的石頭。這塊石頭處在一群亂石中，形似橄欖，表面光滑如鏡。在山的對面，還有一塊灰白色的石頭，這塊石頭淹沒於綠草之中，石頭上面有

一道天然裂痕，很像嫦娥清秀的蠶眉，故稱「娥眉石」。這兩塊石頭的神祕奇特之處不是石頭的形狀，而是「欖仔石」旁的一首詩。詩的內容是這樣的：「欖仔對娥眉，十萬九千四，月掛竹竿尾，兩影相交地」，據傳這是一首藏寶祕訣。

根據詩中記載，「欖仔石」和「娥眉石」之間埋藏有十萬九千四百兩金銀財寶，而尋找的辦法就應該是「月掛竹竿尾，兩影相交地」，可這兩句詩中到底有什麼含義？

根據欄心村的老人解釋，所謂的「月掛竹竿尾，兩影相交地」是指：在有月亮的晚上，在兩石之間豎起兩根竹竿，等月亮升到竿頂時，兩根竹竿影子的相交處就是寶藏的埋藏地。而尋找寶藏的關鍵就是這兩根竹竿的位置。

在兩石相望的地帶，有一塊光滑的巨石，上面長滿了仙人掌，石上有一個直徑約4厘米的石洞，據傳這就是其中一個插竹竿的地方。但另一根竹竿到底應該插在何處，以及竹竿的高度、兩竿間的距離，一直困擾著尋寶者，很多人不斷地在這裡嘗試挖掘，但一直沒能找到這筆巨額寶藏的所在。

傳說民國年間，有人來到茶灣，悄悄的向當地的一位老翁打聽扯旗山石船的地點。原來在廣東省新會地區暗傳著海盜頭領張保仔的一首藏寶詩，說張保仔的萬兩黃金埋藏在扯旗山的「錨間」。

這位老翁聽了以後十分高興，立即給這個人指出了一個錯誤的地點，自己則召集人手趕往扯旗山。可惜的是，這位老翁把「錨間」誤聽為「其間」，結果他在扯旗山石船附近挖了很久也不見財寶的影

子，只好悻悻而歸。待老翁走後，一直尾隨其後的新會人，在扯旗山石船尾部的一塊錨狀石下挖出了萬兩黃金。「錨」和「其」，只是一字之差，卻使老翁損失了萬兩黃金。

　　上川島處處有寶。據傳由於這筆寶藏數額多，也出於安全考慮，張保仔將寶藏埋藏在上川島及附近島嶼的十幾處。除扯旗山的這個藏寶地點外，在上川島以及附近島嶼的十幾處，如鹽灶、七盤山、馬山、公灣等。此外，傳說在香港的土瓜灣海心廟、長洲、南丫島榕樹灣、大嶼山、赤柱春坎角、牛池灣和鯉魚門等地，也有張保仔的藏寶洞。由於藏寶地點眾多，張保仔不得不用手抄本來記錄藏寶地點，但這份手抄藏寶祕籍已經下落不明，張保仔的巨額寶藏只有沉睡其間。
　　近兩個世紀以來，上川島及其周圍島嶼的藏寶傳說，吸引了無數人前往尋寶，卻很少有人能夠真正找到寶藏的所在。張保仔所藏的巨額寶藏仍沉睡在地下，等待著重見天日的那一天。

黑
薩姆的寶藏

在加勒比海盜中，有一位海盜給人留下了深刻印象：他英俊瀟灑，總是穿著深色的天鵝絨外套，長長的黑髮用黑絲帶在腦後束成一把，腰間別著四把從不離身的手槍。他不但外表瀟灑，對待自己的受害者還非常慷慨。有一次，他佔領了一艘船，幾天後，發現船的速度太慢，不適合做海盜船，於是又將船物歸原主。他就是被譽為「海盜王子」的薩姆。

1715年，一場罕見的颶風席捲了加勒比海域，十幾艘滿載黃金珠寶的西班牙大商船葬身海底。任何一艘沉船上的珠寶，都能讓一個窮光蛋一夜之間成為鉅富，因此，無數雙眼睛都盯住了這次發財的機會。薩姆也是其中的一個，他也想抓住這個發財的機會。他說服了當地一個叫帕爾格瑞夫·威廉姆士的金匠，出資購買了一條探險船，出海尋找失落的黃金珠寶。然而，他們並沒那麼幸運，幾經搜尋，卻沒有結果。探險船巡遊至巴哈馬群島時，黑薩姆與合夥人決定，不要在沉沒的財寶上浪費時間，直接去追蹤海面上的財寶，他們加入了海盜的行列。

少年薩姆大膽豪放，熱愛冒險。他隻身來到新大陸尋求自己的夢想，不久就加入了英國商貿緝捕艦隊，專門追捕、截獲敵對國西班牙的大商船。

黑薩姆天生具備領導天分，很快就被推舉為「伯斯特立恩」號海盜船的船長。不久，在海上劫取了「瑪麗安娜」號。一年多的時間，黑薩姆的小艦隊在加勒比海域劫掠了五十多艘船。

　　1717年春天，裝備精良的大商船「維達」號，緩緩駛離牙買加口岸，踏上了返回歐洲的航線。幾天前，「維達」號抵達牙買加時，船上承載的還是一群髒亂困乏的黑奴，如今全都換成了沉甸甸的珠寶與黃金。

　　風平浪靜，前方就是古巴海域了。一艘小船似乎在向「維達」號靠近，不過此處並非海盜雲集之地，因而船長對此沒太在意。小船還未等船員們各就各位，海盜的炮火已經如雷雨般猛砸過來。「維達」號頓時亂作一團，幾乎沒來得及反抗，船長就被迫舉起了白旗。這伙海盜就是黑薩姆領導的「伯斯特立恩」號海盜船。「維達」號滿載著象牙、染料、糖、珠寶、金條，還有不計其數的西班牙銀幣。不過，對於黑薩姆來說，除了一船的金銀財寶，「維達」號船本身就是頭等的戰利品，寬敞的船身、一流的裝備，比他們的單桅船氣派多了。於是，黑薩姆他們從自己的船上又搬來10門大炮，加上原有的裝備，共28門大炮，「維達」號成為他們新的海盜船。

　　截獲「維達」號之後，黑薩姆率領他的五艘海盜船繼續北上，駛向科德角。4月26日，薩姆從科德角再次起程。他的艦隊兵分兩路，威廉姆士帶著兩艘船離開艦隊，黑薩姆率領著裝滿鑄幣和黃金的「維達」號、「瑪麗安娜」號和另一艘船繼續前進。

　　誰也沒有料到，威廉姆士離開不久，天氣驟然變壞，「維達」號

和「瑪麗安娜」號船擱淺了。船上的人還沒來得及逃生，「維達」號就斷成兩截，迅速沉入海底。「維達」號上僅有二人逃生，而黑薩姆和船上的黃金則是一起沉入了海底。

這批沉入海底的財物漸漸被人們遺忘了，直到瑞·克利福德的出現。當他還是個孩子時，就從叔叔比爾貝那裡得知有一筆巨大財富埋在神祕的海底，只有那些幸運和勇敢的人才能得到。瑞·克利福德找到一個投資者，他開始籌建探險隊尋找「維達」號上的財寶。一開始進行得並不順利，幾乎一無所獲。一天，一名潛水隊員被一塊突起物絆倒，突起物被蹭去厚厚的泥沙後，露出一段生　的金屬，原來是一門大炮！同時還發現了一枚標著「1684年」的鑄幣。1985年，當克利福德和他的探險隊發現了刻有「維達號1716」的船中時，他意識到，兒時「潛入海底探尋寶藏」的童話成了現實！從此勘測「維達」號正式成為官方項目。

此後，不斷有新的發現：數千枚西班牙鑄幣、大炮、航海工具、用來磨刀劍的砂輪、手槍、餐具等，然而這些都遠不是他們的最終目標，他們還沒能發現船體本身。

幾年後的一個夏天，克利福德和隊員發現了一條木質樑。當他們剷除上面淤積的沙土後，「維達」號的船體展現在眼前。這一發現意味著發現整個寶藏指日可待。儘管「維達」號作為海盜船的時間並不長，僅僅幾個星期，但它是唯一被驗證的海盜沉船。

根據當年沉船生還者的描述，「維達」號上滿載著金條與銀幣。

人們傳說「維達」號載有5噸重的銀幣與金條。一些歷史學家估計這批寶藏價值上億美元。

克利福德在發現船身前，已經找回大量金條和2000多枚鑄幣。大部分鑄幣是西班牙銀幣，也有些是西班牙金幣。看起來，其中多數金幣是在墨西哥鑄造的，還有一些來自秘魯。

專家推測，如果真的來自秘魯，那將具有特別的價值，因為這些金幣很可能是用印加金製品重熔鑄造而成的，被黑薩姆截獲時，正在運返西班牙的途中。克利福德探險隊的發現，不僅僅是價值連城的寶藏，這些沉寂百年的鑄幣、器具同樣是藝術品，對歷史研究有著不可估量的價值。

愛德華‧蒂奇的寶藏

　　愛德華‧蒂奇，留著濃密的黑鬍子，原先是大海盜戈特船長的手下，後來脫離戈特，自立門戶。1716年，他指揮著「復仇女王」號出海，攻擊了英國皇家海軍。一時間「黑鬍子蒂奇」名聲大噪。

　　後來蒂奇無端消失了兩年，誰知兩年後，他捲土重來，而且變得更加瘋狂，南到洪都拉斯，北到弗吉尼亞，全都是他的搶劫範圍。

　　特別是1718年，他竟洗劫了南卡羅來納州首府查爾斯頓，不但把財物洗劫一空，還綁架了市政府議會的議員。

　　愛德華‧蒂奇1680年出生於英格蘭的港口城市布里斯托爾。年輕的時候做過見習水手。和許多歐洲人一樣，懷抱著發財的夢想去闖美洲，但是，由於運氣不佳，別說發財，連生存都很困難。

　　1716年，他加入霍尼戈爾德船長的海盜隊伍。他們在美洲海岸和西印度群島之間搶劫了兩年，後來在加勒比海打劫了一艘巨大商船聖‧文森特號，收穫了大量金銀和寶石，霍尼戈爾德船長一高興，慷慨地把「聖‧文森特」號賞給了愛德華‧蒂奇。愛德華將它命名為「復仇女王」號，自此另起爐灶，開始了自立門戶的海盜生涯。

　　短短幾個月裡，愛德華‧蒂奇就以心狠手辣、殘忍野蠻著稱，人稱「黑鬍子」。他的名聲很快傳遍加勒比海域，在弗吉尼亞與洪都拉斯之間的航線上，黑鬍子肆意妄為，許多商船隻只要聽到風聲就不寒

而慄，他曾經先後襲擊了英國的「愛倫」號和「斯卡伯勒」號。經過十八個月的搶劫，已擁有了豐厚的戰利品。

黑鬍子最大膽的一次行動，是對南卡羅來納州的查爾斯頓港口的偷襲。1718年5月，他率領他的艦隊突然襲擊了查爾斯頓港口。海盜們簡直像從天而降，港口原有八艘船，還沒來得及反應就被繳了械。

黑鬍子封鎖城市，扣押了幾名人質向市政府勒索。他要求用巨額贖金和藥品來換取人質，市政府沒辦法，只得完全滿足海盜們的要求。最終，黑鬍子帶著棉花、菸草、藥品以及價值150萬英鎊的金銀財寶，毫髮無損地撤離查爾斯頓港。

黑鬍子是一個極其殘酷的人，對他手下的人也同樣不講情誼。在他擁有了巨大的財富後，因為不想和兄弟們分享，竟然想出一個毒辣的主意。

在一個小島旁，他讓自己的「復仇女王」號和另外兩條船擱淺，命令大部分水手下船去檢修，而他和另外四十名心腹，則乘著另一艘「冒險」號偷偷溜了，把那些隨他出生入死的同伴，丟在荒涼得既沒有食物和淡水，也沒有植被與動物的小島上。幸虧有條船兩天後恰巧路過此處，不然那批水手一定得活活渴死在島上。

黑鬍子肆無忌憚的搶劫和殘忍的行徑，終於激怒了受害的商人、種植園主、船主們以及曾經和他一條戰線的海盜們，他成為眾矢之的。並且，他遇到一位強硬的挑戰者——弗吉尼亞州的亞歷山大·施普茨伍德州長，他向全民發出公告：任何一個居民逮到海盜都有重賞，而懸賞最高就是黑鬍子，價值100英鎊。此外，施普茨伍德州長

還向海軍求助。

1718年11月11日，英國皇家海軍派遣兩艘戰船開始了搜捕海盜黑鬍子的行動。11月21日晚，皇家海軍終於在奧克庫克海峽發現了黑鬍子的「冒險」號的蹤影。22日凌晨，一場戰鬥開始了。

皇家海軍的「珍妮」號和「騎兵」號奮勇爭先，火炮齊發。黑鬍子事先已有防範，對皇家海軍進行了強有力的回擊，雙方死傷慘重。

突然，黑鬍子的「冒險」號觸礁了，他們只能背水一戰，表現得異常頑強，用土製的手榴彈攻上皇家海軍的「珍妮」號。

硝煙瀰漫中，甲板上空無一人，海盜們慶幸已將對手擊斃，其實這是英格蘭士兵設下的埋伏。皇家海軍擊斃海盜12名，黑鬍子也在其中，活捉9名。據說，指揮這場戰鬥的羅伯特‧梅納德中尉命令將黑鬍子的頭顱砍下來，將屍體拋入大海。

戰鬥過後，英國士兵立刻把「冒險」號徹底的搜索了一遍。結果他們只發現145袋可可豆、11桶葡萄酒、1包棉花，想像中的金銀財寶蹤影全無。從此以後兩百多年來，黑鬍子寶藏成了一個解不開的謎。

黑鬍子沒有在任何地方留下一點蛛絲馬跡，連一張藏寶圖都沒有。他曾經宣稱：只有上帝和他自己才知道他的寶藏隱身何處。

多年來，人們找遍了每一個他可能藏寶的地方，但是都毫無結果。於是，很多人想從沉入海底的黑鬍子艦船殘骸中找到藏寶祕密。

1997年，美國潛水員發現了「復仇女王」號的殘骸。它位於北卡羅來納州海岸200米處，那裡曾經是令無數水手們心驚膽戰的「颶風

走廊」，是無數船隻的最後棲息地。

　　潛水員從「復仇女王」號打撈上來用黃銅澆注的船鐘和鉛錘、槍炮等遺物，但迄今為止還沒有關於黑鬍子巨額財富的任何線索。

　　不甘心的人們還在不斷地尋尋覓覓。畢竟，黑鬍子的財富數量是驚人的，能找到哪怕萬分之一也能令人一夜致富。

金
特的寶藏

　　金特，蘇格蘭人，少年時開始航海，二十多歲時已經是有一個有豐富經驗的船長。1689年英法開戰，他當上了武裝民船的船長，在西印度群島和加勒比海一帶同法國人作戰。1695年，他已是一位富商，並繼續率船在海上航行。至此，金特都是一個遵紀守法的好市民。但是接下來的一年裡，在金特身上發生了前所未有的變化，他從一個好市民變成了一個著名的海盜頭子。到底在這一年裡發生了什麼事情，讓一個好人變成了壞人？

　　由於金特的船隊在海上飄蕩了一年，沒有任何收穫，為了穩住人心，金特被迫搶劫印度商船。金特在其水手的脅迫下，正式挑起了海盜大旗。1699年，他的船隊被騙進了波士頓港，遭到了逮捕，沒收財產，並被吊死在泰晤河邊。而他的寶藏也與他一起被埋在了地下。

　　金特從小就受到良好的家庭教育，父母都是虔誠的基督徒，小金特為人清白誠懇，遵守各種清規戒律，父母十分欣慰。小金特長大後，不知為什麼就只想當一名水手，他的願望如願以償，曾在加勒比海皇家海軍的海威森船長手下效力。很快的，威廉·金特與一個富翁的女兒結了婚，成了一個企業家。

　　金特幸福而又平穩的生活持續了四年之後，他開始厭倦這種舒適的生活，他想回到大海上做一名水手。

於是，他放棄了舒適的生活，重新回到了海上，成為英國國王委任的武裝民運船的船長，他的任務是摧毀印度洋上的海盜船隊以及攻擊法蘭西船隻。威廉·金特帶著政府頒發的沒收敵國商船及其財物的許可證，向印度洋上的海盜隊伍發起了進攻。他擁有當時配備最先進的三桅戰艦「冒險軍艦」號，船長38米，配備了36門火炮，重達287噸，船上配備了充足的彈藥。金特船長率領這艘威風八面的戰艦橫越大西洋來到紐約，在那裡發出招募啟事，開始招兵買馬，組織了一支150人的隊伍，開始向大海出發。

金特的征途並不順利。他們不但要與兇猛的海盜作戰，還要與惡劣的自然條件和疾病作鬥爭，陸續有三十多名水手因為得熱帶病死去，他們不得不沿途招募新人加入。「冒險軍艦」號在海上飄蕩了九個多月，沒有遇見可以打一場的對手，因此也沒有想像中海盜的巨大財富。糧食和飲水逐漸消耗殆盡，船員們的情緒極為低落浮躁。

自古兵匪一家，官兵捉強盜，演變到最後經常是官兵也做了強盜。金特船長無疑也走了這條路，他從捉強盜的官兵變成了強盜。

他們的第一樁無本生意在紅海開張，他們襲擊了一支來自默卡的伊斯蘭朝聖者的船隊。接著，他們又在馬拉巴海岸襲擊了一艘英國的貿易船。於是，金特船長變成了海盜船長，英格蘭政府宣佈他不再受法律保護，他的船隊不再有「沒收敵方商船特許證」的權利。

既然已經沒有了回頭路，金特船長索性越做越大。1698年1月，金特船長率領全體水手襲擊了法蘭西船隻「克維達商人」號。這次襲擊行動讓他徹底失去了大不列顛國王的寬恕，他只有把海盜的事業進

行到底了。在接下來的兩年時間裡，金特成了馬達加斯加和馬拉巴海岸線之間恐怖的代名詞，他瘋狂地掠奪過往船隻，積聚了巨額財富，有人說他的財產有幾百萬英鎊，有人估計有幾十億。他將自己的財寶藏在一個極其安全的地方，除非那些財寶被全部挖掘出來，否則金特船長的財產數目始終是個謎。

金特做了四年海盜後，他又開始嚮往原來的平靜生活。他來到波士頓港口，期望得到大赦。他向英格蘭國王新任命的州長貝羅蒙特勳爵提交申請，並準備了40萬英鎊的贖罪款。貝羅蒙特勳爵表面答應了他，保證他在英國享有自由，但當金特和手下一踏上陸地，馬上就被逮捕了。人們在他的船上找到了價值約1000英鎊的一袋金粉、一些銀幣及其他一些黃金製品。七個月後，金特被押送到倫敦，從起訴到審判到最終判決，歷時近一年。期間，他患過重病，萬念俱灰。他的妻子薩拉・金特來探望他，他交給她一小卷羊皮紙，結果他們的祕密交流並沒有逃過看守的眼睛，這時金特的大筆財寶成了萬人矚目的焦點，人們自然不能放過絲毫線索。結果，羊皮紙被沒收了，紙上寫了四個數字：44、10、66、18。

自此以後，關於金特船長的寶藏的探索持續了很多年。那四個數字被人們破解為一個座標：西經44度10分，北緯66度18分。符合這個座標的是紐約長島東部盡頭的加地納島。種種跡象顯示，金特在被抓之前來過這個小島，拜訪過島主約翰・加地納，金特在那裡購買了糧食，支付了52磅金子、5巴侖絲綢以及很多首飾。並且，金特委託約翰・加地納為他向貝羅蒙特勳爵疏通關係，爭取得到大赦。但是金特

並不信任勳爵的允諾，他把大量財寶藏了起來。傳聞有人看見金特的船停靠在加地納島，不斷地從船上搬下來東西。因此，很多人認定金特船長的寶藏就埋藏在加地納島的沼澤中。在金特船長關押期間，的確有一位大不列顛的軍官受官方委託，在加地納島上拿出部分金特的財寶以供他訴訟所用。於是，尋寶者蜂擁來到加地納島，掘地3尺，希望有所發現，但是至今仍沒有任何發現。

可是，金特船長的一位手下說，金特的寶藏埋在凡地海灣中的一個島嶼。當時沒有人相信他的話，以為是他為了保住性命而信口開河。直到有人在凡地海灣發現了一塊刻有「威廉·金特五英尋東兩英尋深處」的大理石，人們才想到有可能這裡埋藏著寶藏。一個財團立刻組織一支尋寶考察隊進駐凡地海灣，可惜除了那塊大理石板外，沒有進一步的發現。

最讓後人激動不已的是金特的三張藏寶圖。英格蘭人哈伯特·帕爾默在舊貨商店買到了一個舊水手箱，箱子裡面寫著：「1696，金特船長，他的箱子」，箱子裡的木板下面藏著一張羊皮紙，是關於一個小島的地圖，未標明位於何處。隨後帕爾默又買到了一張寫字櫃，上面同樣有「威廉·金特船長冒險號軍艦，1696」字樣，看得出它應該是當年海盜船上的傢俱。在寫字櫃的一個洞裡藏著一張和以前那張完全一樣的藏寶圖，只是多了「中國海」幾個字。南中國海與東中國海曾經是海盜們經常出入之地，因此尋寶的人開始把目光投向日本和台灣之間眾多的島嶼。接著，帕爾默又買到當年金特夫婦使用過的一個箱子，裡面也有一張藏寶圖，上面標明了小島的經度和緯度，只是如

今時過境遷，地貌與測量度已與金特船長時代迥然不同了。

　　帕爾默終其一生未能解開藏寶圖的祕密，後繼的無數尋寶者仍然不懈的努力著。1951年英國人布勞雷恩組織了一支十二人的尋寶隊，向中國海出發，遺憾的是，他們遭到風暴的侵襲，功虧一簣。不久，傳來一個驚人的消息：一夥日本漁民遭遇風暴，他們逃生到琉球群島北部一個名叫「淨礦島」的小島上，他們在島上發現了一些雕刻著山羊圖案的巖畫，這提醒了日本學者那賀島，他根據提示來到「淨礦島」，終於在灌木叢中的一個山洞裡，發現了閃閃發光的金幣和銀幣以及美麗的珠寶首飾，人們相信這就是當年威廉金特的寶藏。這是迄今為止發現的最大寶藏之一。

　　這些珠寶首飾真的是海盜金特的寶藏嗎？是他的全部或只是某部分？或許，被歲月塵封著的這些傳說永遠是個未解之謎，永遠沒有澄清的一天。

科
科斯島寶藏

　　科科斯島位於太平海東南部，是世界上最大的一片無人居住的熱帶雨林島，它是當年海盜們喜愛的小島，在這裡至少藏有幾筆數目驚人的寶藏，但至今人們也無法確定寶藏的確切地點，一批又一批的陸續來到小島，他們不甘心讓這些巨額寶藏長年深藏在原始森林裡。

　　從16世紀開始，南美洲大陸成為西班牙統治者的殖民地。南美洲是世界上貴重金屬產地，殖民者從印第安土著人那裡掠奪了大量的金銀財寶，海上運輸是當時連接歐美兩大洲的唯一渠道。滿載著金銀珠寶的一艘艘西班牙殖民船，從太平洋穿過巴拿馬海峽和大西洋，回到西班牙。船上的大量金銀財寶是海盜追逐的目標。他們冒著生命危險搶劫西班牙船隻，把劫掠來的戰利品裝進船艙，由於戰利品太重，他們的船隻不能在海上靈活航行，隨時面臨著被西班牙軍艦追擊的危險。於是，海盜們想出一個辦法：把太平洋上的科科斯島作為中轉站，把財寶埋藏在島上再逃命，以後有機會再回來取出寶藏。所以，在17、18世紀，科科斯島一直是東太平洋海盜船的出發地和後勤供給處。據人們所知，在科科斯島上至少埋藏了愛德華‧戴維斯船長、貝內特‧格雷厄姆船長、威廉‧湯普森船長的幾筆數目驚人的寶藏。

　　愛德華‧戴維斯船長以機智著稱，他駕駛著他的「快樂單身漢」號，多次成功的躲避了西班牙軍艦對他的追拿，他把733塊金子埋藏

在科科斯島。戴維斯船上的一名水手在一本書中作了詳實的講述。傳說戴維斯船長晚年歸隱牙買加，生活奢侈，揮霍無度，一旦錢財花光，就會駕船出海，沿著一條祕密路線前往科科斯島，取出埋藏在地下的一部分寶藏。可是，直到今天也沒有人弄清楚戴維斯船長的祕密寶藏究竟埋在何處。但是可以肯定的是，這筆寶藏不只是傳聞，它確實存在。因為幸運的鮑勃‧弗拉沃爾曾經接觸過這筆寶藏。

弗拉沃爾是一名美國水手，有一次他的船在科科斯島拋錨。閒來無事，弗拉沃爾獨自向密林深處走去，剛下過雨，道路泥濘不堪，他不小心滑了一跤，掉進一個洞裡。等他起身觀看四周，驚訝得說不出話來，因為他置身於金幣堆之中，他不小心掉進了錢洞裡。他匆忙的把金幣裝進所有的口袋裡，然後悄悄回到船上，打算以後再偷偷來尋寶。可惜，當他準備好充足的食品、工具，再次來到科科斯島，卻找不到通往金錢洞的路。此後的一百五十多年裡，很多人動用現代化的儀器設備，尋找戴維斯船長的財富，都無功而返。

科科斯島埋藏的另一筆巨大財寶是貝托尼‧博尼托船長運來的，共計7噸黃金。

貝托尼‧博尼托原來是英國海軍軍官，常年的海上生涯使他積累了豐富的航海經驗。可是不知道發生了什麼事，這名英國海軍軍官搖身一變成了海盜博尼托船長。他駕駛著他的「閃電」號，帶領一群海盜穿梭在太平洋上，他們不僅襲擊滿載著金銀財寶的西班牙殖民船，還野蠻地劫掠秘魯教堂，搶走大量黃金製成的神像、祭器。僅僅五年的時間，他積累的財寶就有7噸黃金。傳說他把這些黃金藏在了一個峽

谷中，位於科科斯島南部的埃斯佩蘭斯角，在兩條奔騰的瀑布之間，離一棵棕櫚樹很近。離開科科斯島不久，博尼托率領的海盜船就被英國皇家海軍攔截，八百餘名海盜全部落網，最後在牙買加被處決。

博尼托的手下威廉·湯普森和沙佩勒僥倖逃脫，但是沒有人知道他們的下落。除了他們倆之外，博尼托船長的情婦瑪麗也知道這筆寶藏，博尼托死後，她被流放到塔斯馬尼。二十年後，瑪麗又來到科科斯島，試圖尋找博尼托船長的巨額黃金，但沒有成功。二十多年的時間，島上的地貌發生了很大的變化。後來，瑪麗又嘗試了很多次，都一無所獲。

1932年，電氣工程師克萊頓登上了科科斯島，他的運氣不錯，他和朋友利用新型的探測器，找到了價值幾百萬的財富。經考察後證明，這就是貝尼托·博尼托船長的財寶。科科斯島上還埋藏著一筆更著名的寶藏，那就是「利馬寶藏」。

17、18世紀時，南美洲的絕大部分地區處於西班牙和葡萄牙的統治之下。當時，秘魯首都利馬是南美最富庶的大都市，那裡不僅有開採了幾十年的銀礦，而且儲藏了西班牙人自16世紀起掠奪印加人的無數黃金以及大量教會的財產。1821年，玻利瓦爾的軍隊逼近秘魯首都利馬，西班牙人急忙將所有的財寶，包括金塊、珠寶、金銀餐具、金銀祭器與珍貴圖書、藝術品等集中在一起，打算運回西班牙。此時，海港中只有一艘雙桅帆船「親愛的瑪麗」號可以橫渡大西洋，船長是威廉·湯姆森。湯姆森船長立刻答應讓西班牙的政府官員、教會高層人士以及利馬總督和主教上船。滿載著財寶和西班牙人的「親愛的瑪

麗」號向著歐洲進發。誰也沒有想到，他們和他們的財寶永遠也到不了歐洲。

湯姆森船長早已被滿船的財寶弄得利令智昏，自從開船以來就沒有想過要把船駛回歐洲的任何一個港口。據說，最先發難的是一名大副福布斯，他唆使船員攻擊西班牙乘客，殘忍的殺害了他們，並拋屍海上。湯姆森船長這時候發揮了關鍵作用，他果斷地決定為了逃避西班牙軍艦的追捕，把船開往科科斯島。

他們用小船分十次將寶藏運上岸，這是63所教堂的財產，有黃玉裝飾的聖人遺骨、珍貴的燭台、273把黃金手柄鑲嵌寶石的寶劍。其中，最貴重的是真人大小、鑲嵌寶石的聖母瑪利亞懷抱聖嬰耶穌的純金塑像，約有1噸重。這些黃金不僅僅是重量驚人，它們的藝術價值也是無法估計的。這批寶藏總計27噸黃金和白銀，按今天的估價約有4億馬克。

與大多數的海盜們一樣，湯姆森船長埋藏了寶藏後卻沒有機會再回來取走。在離開科科斯島幾天後，「親愛的瑪麗」號被西班牙戰艦發現，所有的海盜無一漏網，除了湯姆森船長和大副福布斯外，其餘人後來都在巴拿馬被處死。西班牙人留下湯姆森和福布斯，因為他們倆肯定知道寶藏埋藏地點。可惜，狡猾的湯姆森和福布斯把西班牙人帶到一個錯誤的地點，並且成功地逃進原始森林。不過，在森林裡的生活並不輕鬆，幾個月後，有一艘英國捕鯨船路過科科斯島，他們才逃離小島。

福布斯很快因患黃熱病去世，而唯一知道利馬寶藏的湯姆森卻不

知下落。1840年，他在紐芬蘭的聖約翰出現，貧困交加，寄居在一個名叫約翰・基廷的朋友家裡。人們幾乎不相信這個人掌握著巨大的財富，他為什麼不去取那筆寶藏？沒有人知道其中的原因。

他臨終前將利馬寶藏的祕密告訴了約翰・基廷。基廷立刻邀請自己的朋友伯格與他一同去探險，據說他們的確親眼見到了成箱的金銀財寶，但他們沒能如願地將財寶搬運回來，而且伯格還不明不白地死去了。基廷因涉嫌殺害伯格而吃了官司，最終以證據不足而獲釋。基廷臨終前繪製了一張藏寶圖，藏寶圖在眾多人的手中流傳，後來者又一次一次地踏上科科斯島的土地，鑽進濃密無邊的原始雨林中，德國人古斯特・吉斯勒還在島上待了二十年之久，自1889年踏上科科斯島至1908年離開，他尋寶生涯的最終結果是找到了33塊金幣和1個金手套。

海盜們怎麼會在科科斯島上留下這麼少的寶藏呢？是不是有更多的寶藏仍然埋在小島上或原始森林裡？

如果福布斯知道藏寶地點，他為什麼不去取這筆寶藏而因貧窮病死呢？

The Myth of
Secret Treasure

聖神
寶藏之謎

Chapter 3

猶
太人的神殿寶藏

　　埃及發現了一幅古代卡爾納克浮雕作品，浮雕上再現了所門羅的204件珍品。考古學家推算，要製成卡爾納克浮雕上反映的204件珍品，需要數噸黃金和白銀。他們根據這204件珍寶估算，所羅門寶藏的價值超過1億美元。

　　公元前11世紀，猶太國王大衛統一以色列和猶太，建立起以色列──猶太王國，將耶路撒冷定為首都和宗教中心。

　　大衛死後，他的兒子所羅門即位。所羅門統治時期，是猶太王國的鼎盛時期，他在耶路撒冷錫安山上建造豪華的宮殿和神廟。《聖經》上記載，所羅門建造神殿歷時七年。

　　神殿坐西朝東，長200米，寬100多米，建築結構嚴謹，造型美觀，內部裝飾極其華麗。

　　「亞伯拉罕聖巖」懸置在神殿中央的半空中，「亞伯拉罕聖巖」長18米，寬2米，是一塊花崗石，下面用大理石圓柱支撐著，下面的「巖堂」高達30米。「巖堂」裡設有祭壇，壇上擺著聖箱，裡面存放著刻有「摩西十戒」的石塊和「西奈法典」。聖箱用黃金製成，所以稱之為「黃金約櫃」，它被古代猶太人視為關係著猶太民族興衰存亡的「鎮國寶物」。

　　這座神殿成為古猶太人宗教和政治活動的中心，教徒們都去那裡

朝聖和獻祭敬神。這些來膜拜的猶太人和外國人給所羅門帶來數不盡的貢品。據說，所羅門每年收到各個屬國送來的黃金大約有99900公斤。他住的宮殿裡的門窗、牆柱、祭壇、桌椅，以及一切生活用具，都包著一層厚厚的金箔或黃金。他到底擁有多少財寶一直是個謎。

後來，所羅門將所有金銀珠寶存放在「亞伯拉罕聖巖」下方的祕密隧道裡。聖殿從建成到毀滅，歷時大約400年，經歷了幾十代君王。他們聚積了大量的金銀財寶都存放在聖殿中，這些君王的財寶就是歷代相傳的「所羅門寶藏」。

所羅門死後，他的繼承者耶羅波安執政，以色列北部的人們在他的領導下，攻陷耶路撒冷城，將撒馬利亞城設為首都，建立起以色列王國。而南部的猶太人仍以耶路撒冷城為首都，建立猶太王國。從此，以色列──猶太王國分裂。

公元前586年，耶路撒冷城被巴比倫國王尼布甲尼撒率領的軍隊攻陷，猶太王國滅亡，大多數猶太人被俘擄到巴比倫。

巴比倫軍隊攻佔耶路撒冷後，在聖殿裡沒有找到「所羅門寶藏」和「黃金約櫃」，一氣之下將城中的王宮和神殿付之一炬，變成了廢墟。

那麼，聖殿中的聖物和這些金銀財寶，到底流落到哪裡去了呢？

猶太教的《塔木德》一書中說：巴比倫軍隊還沒攻進城，「黃金約櫃」和刻有「摩西十戒」的兩塊大石板就被藏到「亞伯拉罕聖巖」下面的祕密隧道裡。

還有另一種傳說：真正的「黃金約櫃」早已經不在耶路撒冷，

被收藏在埃塞俄比亞古都阿克蘇瑪的一座古寺裡。據說是所羅門的一個兒子從耶路撒冷偷出了真的「黃金約櫃」，又做一個假的「黃金約櫃」放在聖殿裡。但是大部分珍寶和聖物還是落入了巴比倫人的手中。

《聖約·但以理書》中有這樣一段記載：「一日，尼布甲紀撒之子伯沙撒王大宴群臣，歡飲之間，他吩咐下人將他父親從耶路撒冷聖殿中掠來的金銀器皿拿出來盛酒飲用。

群臣讚不絕口。這時，牆上突然出現了一行誰也不認識的奇怪的文字，伯沙撒王找來猶太人但以理。但以理解釋說，這些字的意思是『神已算出你的國家將到此結束』。果然不出所料，不久巴比倫就被波斯滅亡了。」

波斯國王居魯士，攻佔巴比倫城後，釋放了被囚禁在巴比倫的猶太人，約四萬多猶太人回到了耶路撒冷，重建了耶路撒冷神殿。聖殿建好後，居魯士又將原來從巴比倫人那裡掠奪來的金銀財寶也歸還給了猶太人，讓他們仍安放在聖殿中。但此後這些珍寶的命運並不安穩。

公元前217年，希臘人又攻入耶路撒冷城，掠走了聖殿中的許多財物。儘管後來猶太人打敗了希臘人，但那些被搶走的寶物卻無法找回了。

公元前70年，耶路撒冷聖殿被羅馬大軍摧毀，羅馬統帥泰特斯將聖殿中的物品全部運回羅馬。後來，北非的汪達爾人又洗劫了羅馬城，把聖殿中的珍寶帶到了迦太基。幾十年後，汪達爾王國又被拜占

庭帝國消滅，這些寶物又被運到拜占庭的首都君士坦丁堡。有人對拜占庭皇帝查士丁尼說，這批聖物已經導致了羅馬和迦太基的覆滅，我們不能佔有它們，應該把它們送回耶路撒冷。查士丁尼聽從了這個建議，派人將珍寶送往耶路撒冷。然而，這些寶物在送往耶路撒冷的途中卻失蹤了。

「所羅門寶藏」的下落，人們眾說紛紜。有人說，運送寶物的船隻遇到風暴沉入了地中海，寶物至今仍在水下。還有人說，實際上汪達爾人並沒有從羅馬城將珍寶奪走，在汪達爾人沒來之前，哥特人在公元410年就進攻過羅馬城，混亂中，城裡的猶太人趁機進入皇宮，將這些財寶取出藏了起來。後來，又擔心藏不住而將寶物投入了台伯河，現在它們仍在河床下的淤泥裡。

歷史學家說，耶路撒冷聖殿中的財寶並不止這些。推測當時的情況，很可能是當羅馬大軍在圍困耶路撒冷城時，聖殿中的祭司們就已將這些珍寶埋藏了起來，泰特斯掠走的只是「所羅門珍寶」中很少的一部分，大部分珍寶仍被藏在耶路撒冷某個祕密的地方。

20世紀中期，考古學家們在死海邊的庫姆蘭發現了大量的古代經卷和文件，其中有一件銅卷上清楚地記載著多種聖殿珍寶的名稱、數量和埋藏地點。這就證實了歷史學家的推測是正確的。

二千多年來，尋找「所羅門寶藏」和「黃金約櫃」的活動一直沒有停止過。猶太祭司耶利來是第一個開始尋找這些財寶的人，當耶路撒冷倫陷時，耶利來躲了起來，沒有被巴比倫人抓走。巴比倫人離開後，他來到聖殿的廢墟裡，開始尋找「黃金約櫃」。他在廢墟裡，只

看見了「亞伯拉罕巨石」。

　　據說「黃金約櫃」當初就被放在這塊巨石之上，「黃金約櫃」和「所羅門寶藏」可能就藏在「亞伯拉罕巨石」底下的暗洞裡。

　　所羅門擔任國王時，經常派船出海遠航，每一次回來都金銀滿艙，所以人們紛紛猜測，在大海中必定有一處「寶島」，所羅門的黃金就是從那個「寶島」運來的。

　　1568年，西班牙航海家門德納率領一支考察隊，踏上一個不知名的海島，看見土著居民都戴著黃金飾物，以為找到了傳說中的「寶島」，於是把這裡命名為「所羅門群島」。此後，很多歐洲人跑到這裡尋找「所羅門寶藏」，但是都一無所獲。

　　1876年，英國軍官沃林在耶路撒冷近郊參觀遊覽，在一座清真寺的遺址中，偶然發現了一個有石梯的洞。他順著石梯一直往下走，一直走到洞的深處，發現了一條暗道，順著暗道走進另一個黑漆漆的狹窄山洞。當他順著山洞走到外邊時，往四下一看，大吃一驚，他發現自己已經站在耶路撒冷城裡了！有人認為，這條祕密的地下通道建於公元前2000年左右，並推測它就是傳說中的「約亞暗道」。

　　據說在巴比倫人攻佔耶路撒冷時，猶太人把「黃金約櫃」和寶物藏進這條暗道裡。

　　20世紀30年代，又有兩名美國人理查德‧哈利巴頓和摩埃‧斯蒂文森來到暗道尋找「黃金約櫃」和「所羅門寶藏」。他們在「約亞暗道」裡一處土質不同的地方發現了一條祕密地道，地道裡有被沙土掩

埋著的階梯。兩人想用隨身帶著的鐵鍬把沙土挖開，但是，階梯上的流沙卻越挖越多，地道口幾乎都被堵住了。他們慌忙逃出地道。第二天，他們下來時發現，地道的入口又被流沙蓋上了。

沒過多久，理查德‧哈利巴頓乘小船在太平洋遭遇風暴身亡，從此，再也沒人知道那條神祕暗道的具體位置。

直到今天，「所羅門寶藏」和「黃金約櫃」究竟在什麼地方？仍然是一個難解之謎。

神祕消失的
寶藏之謎

法
國聖殿騎士團的寶藏

　　阿爾日尼古城堡位於法國羅納省夏朗泰市，城堡的主人是雅克‧德‧羅斯蒙伯爵。1950年，一位英國上校來拜訪羅斯蒙，他自稱是英國某個教會的代表，專程來和羅斯蒙洽談購買阿爾日尼城堡，他給出了一億法郎的高價。可是，出人意料的是，羅斯蒙卻拒絕了他的要求。

　　一個破舊的古城堡為什麼如此值錢？人們猜測這與當地的一個傳說有關，人們根據在城堡裡發現的聖殿騎士團的神祕符號，推斷聖殿騎士團的金銀珠寶、聖物和聖殿騎士團神祕檔案，就埋藏在阿爾日尼古城堡裡。

　　聖殿騎士團是法國的幾個騎士，為了保護朝聖者和保衛耶路撒冷拉丁王國，因此成立了一個宗教軍事修會。

　　聖殿騎士團成立後，擁有封地、城堡並且開辦銀行，是歐洲早期的銀行家。他們還利用特權對教徒敲詐勒索，接受朝聖者的捐贈，多年來積聚了可觀的財寶。他們熱衷秘術，經常參與政治陰謀活動，引起歐洲各國國王和其他修會的不滿，羅馬教皇被迫宣佈解散聖殿騎士團。

　　法國國王想透過打擊聖殿騎士團，沒收其財寶，解決財政危機。於是，下令逮捕所有在法國的聖殿騎士團成員。當時在獄中的聖殿騎

士團大祭司雅克・德・莫萊得知這一消息後，祕密地把侄子雅克・德・博熱叫到獄中，將自己的職位傳給博熱，讓他拯救聖殿騎士團，保護好聖殿騎士團的財寶。他告訴博熱一個驚人的祕密：「前任大祭司的墓穴裡，埋葬的不是遺體，是聖殿騎士團的檔案。透過這些檔案，就能找到騎士團的聖物和財寶。」

檔案裡記載的藏寶，包括耶路撒冷國王們的王冠、索羅門的七支燭台和四部有聖・塞皮爾克勒插圖的金福音。這些財物，藏在祭司們的墓穴入口處祭壇的兩根大柱子裡。這兩根柱子的頂部能自由轉動，在空心的柱身裡藏著聖殿騎士團積蓄的巨額財寶。

雅克・德・莫萊大祭司被處死後，博熱利用莫萊的棺材作遮掩，取出檔案，找到了聖殿騎士團教堂大柱子裡的藏寶處，取走了黃金、白銀和寶石，他把這些財寶藏進棺材裡，埋藏到只有幾個心腹才知道的地方。

這些財寶，是用聖殿騎士團內部的神祕符號和祕密宗教儀式來隱藏的，要重新取出這些財寶，必須能夠準確地破解神祕符號。千百年過去了，對於聖殿騎士團巨額財寶的下落眾說紛紜，最終成了一個難解的歷史之謎。

密碼學家克拉齊阿夫人，對聖殿騎士團的神祕符號非常感興趣，特意來到阿爾日尼城堡實地考查，她在城堡裡見到了與藏寶地點密切相關的神祕符號，這些神祕符號從城堡大門的雕花板上開始出現，一直延續到阿爾錫米塔樓才消失。她從這些神祕的符號中認出一個埃及古文字符號，這個符號的意思是：這裡除了有宗教聖物外，還有一筆

金銀財寶。她相信聖殿騎士團的財寶就在這座城堡裡。

克拉齊阿夫人破解關鍵符號後，又經過一番實地考察，她認為藏寶的玄機就在阿爾錫米塔樓的窗戶上。

阿爾錫米塔樓上有八扇又小又高的三葉形窗戶，有一扇窗戶是用水泥和石頭砌成的。打開這扇窗戶後，在6月24日這一天，觀察射進這扇窗戶的光線，兩點至三點的陽光可能起著決定作用，它可能會照射在一塊顯示出具有決定性符號的石頭上。這是克拉齊阿夫人的猜測。

巴黎一位對尋找聖殿騎士團財寶感興趣的工業家尚皮翁，曾經在秘術大師阿芒‧巴波爾和對聖殿騎士團有研究的作家雅克‧布勒伊埃的指導下，對阿爾日尼城堡進行過發掘。可是由於對刻在建築物上的神祕符號始終沒有破解，結果一無所獲。

法國「尋寶俱樂部」根據最新發現的線索，認為聖殿騎士團的財寶可能不在阿爾日尼古城堡，有可能隱藏在法國夏朗德省的巴伯齊埃爾城堡，因為那裡也發現了許多令人迷惑不解的聖殿騎士團的神祕符號。

巴伯齊埃爾城堡四周曾有三大塊聖殿騎士團的封地，人們在其中的利涅封地挖掘出一座墓穴，墓穴裡的一些石頭上也刻著聖殿騎士團的神祕符號。有人據此推測，在法國國王追捕聖殿騎士團成員期間，曾經有一支聖殿騎士團的小分隊，在這裡生活了很多年，這支小分隊執行的任務似乎跟保護藏寶有關。

在法國盧瓦爾的瓦克奧茲城堡的牆上，人們也發現了聖殿騎士團的神祕符號，也傳出了聖殿騎士團把財寶隱藏在那裡的說法。

還有人認為，在法國都蘭的馬爾什也有可能會找到聖殿騎士團的藏寶，因為那裡以前曾是聖殿騎士團的祕密「金缸窖和銀缸窖」所在地。聖殿騎士團的心腹成員，曾在需要時從中取出必要的錢財，這裡可能是最好的藏寶地點。

人們對聖殿騎士團藏寶作出種種猜測，但是一直沒有人找到確切的藏寶地點，聖殿騎士團會把巨額寶藏埋藏在什麼地方？謎底就像刻在石頭上的神祕符號一樣令人難以捉摸。

瑪
雅人的「聖井」寶藏

　　在距離奇琴‧伊察城15公里遠的地方，有兩個天然泉瀑布，水從40多米深處奔湧而出，形成兩個直徑達60米的天然大水池。令人不可思議的是，這兩個泉瀑儘管表面上看來沒有太大的區別，但實際上卻是完全不同。一個池子水質甘美，一個池子渾濁幽黑。瑪雅人用其中的一個水池的水灌溉農田和飲用，而把另一個奉為「聖井」。

　　瑪雅人認為，雨神就住在這水池下面，他們相信雨神娶婦的說法，為此犧牲了最美麗的瑪雅女孩，投入無數珍貴的寶物，因此留給尋寶者謎一樣的瑪雅「聖井」。幾百年後的一個牧師斷言：如果說這個國家有黃金和財寶，那麼應該都埋在這兩口「聖井」裡。

　　瑪雅人為了表示對雨神的崇拜，在「聖井」邊用大理石建造了一座宏偉壯觀的金字塔，即舉世聞名的庫庫爾干金字塔。此塔高30米，邊長55.5米，塔的四面各有91級台階，四面共有364級，加上最上層的平台，正好是一年的天數。在瑪雅傳說中，庫庫爾干神又是羽蛇神的化身。在每年春分和秋分的清晨，陽光照射在金字塔東側時，人們便可以看到在金字塔的階梯兩側，呈現出光和影組成的羽蛇圖案。它沿著階梯緩緩向下移動，像一條巨蛇從天而降，最後融入一片光明之中。

　　瑪雅人對雨神極為崇拜，每到春季都要舉行盛大的祭獻儀式。每

當祭獻的日子，國王都要將挑選出來的一名十四歲的美麗少女投入這口通往「雨神宮殿」的聖井，讓她去做雨神的新娘子，向雨神乞求風調雨順。在獻美女的同時，祭司和貴族們也會把各種黃金珠寶投入聖井，以示誠意。

　　瑪雅人突然消失之後，傳說中這口聚集著巨大寶藏的聖井，也漸漸被荒野叢林所湮沒。

　　19世紀末，有個名叫湯普遜的人試圖尋找這口「聖井」，他曾連任二十五年美國駐尤卡坦半島的領事，對瑪雅遺跡研究了四十年。

　　據說，有一次湯普遜在聖井旁的神廟中散步時，無意中發現神廟地板中間的一塊大石板，敲打時有空洞聲。他將石板撬開，下面竟一個寬敞的地下室，室中有一個大石　。他使勁的將大石　挪開，下面露出一個巨大的洞口，洞裡有條4米長的大蟒蛇正在張牙舞爪的向上看著他。湯普遜用隨身帶來的獵槍打死了大蟒蛇，然後跳進洞裡。他發現，洞裡的地板上還有兩具被大蛇攔腰絞斷的人的骸骨，死人的骸骨下面還鋪著一塊大石板。他把石板撬開，下面又是一個豎洞，就這樣湯普遜連續撬開五塊石板。當他撬開第五塊石板時，下面露出一條鑿在岩石上的階梯。從階梯一直走下去，就通向一間人工鑿出來的石頭房子，階梯上和房子裡到處都是木炭。湯普遜把這些東西清理乾淨後，發現在地板上放著一塊非常大的石板。他憑藉著全身的力氣把石板挪開，結果下面又露出一個大約15米深的豎洞。洞的地板上有無數用玉石和寶石雕刻的花瓶，用珍珠製成的項鏈和手鏈。1903年，湯普遜把神廟中發現的寶藏公諸於世。但是湯普遜雖然找到了離聖井近在

咫尺的這個人工洞穴，也發現了一些洞中隱藏的珍寶，卻並未找到真正的瑪雅人的聖井。

有一名叫丹尼爾的法國人，看過湯普遜公佈於眾的聖井資料，他下定決心，一定要找到聖井。

1977年7月中旬，丹尼爾來到奇琴‧伊察。他和嚮導在此處勘察了十多天，後來見到一大片荒蕪的密林和一條隆起的道路。他們在密林中披荊斬棘，逐漸走進密林的深處，丹尼爾突然被一條巨大的籐條絆了一跤，爬起來時，他發現前面不遠處有一塊幾乎被野草完全掩蓋的石碑，丹尼爾意識到此處肯定隱藏著祕密。他連忙撥開那些荒草和緊緊纏繞著石碑的爬籐，發現石碑雕刻的是一個姑娘伸出雙手迎接雨水。丹尼爾認為眼前的這座石雕是瑪雅人的聖井遺跡。為了以後繼續勘察，他馬上從口袋裡掏出筆記本想畫下一個大概的方位圖。就在他往日記本上做記錄時，突然聽到從遠處傳來嚮導驚恐萬分的救命聲。丹尼爾趕緊跑過去，原來，那個可憐的嚮導誤入了一片沼澤地中。等丹尼爾趕到時，泥漿已埋到嚮導的胸部，儘管他伸出雙手拚命掙扎，但只能眼睜睜沉入了混濁的泥潭。

嚮導的死並沒有阻擋住丹尼爾尋寶的腳步，他堅信自己終有一天會揭開聖井的祕密，據說，後來丹尼爾還真的掌握了那個聖井的祕密，但這個消息不知怎麼傳到了美國的黑手黨「黑鷹」那裡。1987年，「黑鷹」組織的頭目本傑明找到丹尼爾，開價一百萬美元向丹尼爾購買聖井的祕密，遭到丹尼爾的拒絕。本傑明綁架了丹尼爾。幾天後，本傑明和丹尼爾一行六人來到奇琴‧伊察。當他們累得精疲力竭

休息時，本傑明卻掏出了槍對準四個同夥中的一個連開四槍。原來，他想在找到寶藏之前一個個殺人滅口。丹尼爾明白，找到聖井之日，就是他的死期。

丹尼爾想到一個逃脫魔掌的計策。他想起自己1977年單獨來到這裡時，當地印第安人把他帶來泉水旁，告訴他：「這個泉的噴發，是有規律和徵兆的，每當它突然噴發之前，周圍岩石的縫隙會冒出一種白霧狀的水氣泡，用不了幾分鐘，滾燙的泉水就會突然噴發出來。」

一天早晨，他把那幾個綁匪領到一個間歇泉旁。然後，坐下來讓他們休息。丹尼爾心裡一直在想，印第安人的話是不是真的？如果不是，他往下該怎麼辦呢？過了一會兒，丹尼爾發現縫隙間冒出縷縷白霧。他對本傑明說：「我要到山下那塊大石上，判斷一下方向。」本傑明命令一個叫哈特的人監視他。

丹尼爾沿著陡峭的石壁向上攀去，哈特寸步不離。丹尼爾終於抓住一個機會，突然用力飛起一腳，把哈特踹下山崖。在山下泉水旁休息的本傑明，目不轉睛的盯著丹尼爾的一舉一動，哈特飛下山崖的剎那間，本傑明立刻掏槍射擊，丹尼爾躲閃不及身中數槍。與此同時，本傑明周圍的岩石縫隙噴出股股滾燙的水柱，本傑明等人還沒弄清楚是怎麼一回事，還沒來得及躲閃就被滾燙的泉水吞沒了。

丹尼爾拚命爬上了崖頂。他知道自己的時間不多了，用顫抖的手在日記本上寫道：「給人帶來巨大誘惑的是寶藏，給人帶來致命結局的也是寶藏。」後來，有個美國考古學家在崖頂上發現了丹尼爾的遺體和日記本，但是，聖井中的寶藏始終沒有找到。

瑪雅人的聖井不僅僅是一個傳說，看起來它是真實存在的，如果它存在，它會在哪裡？瑪雅人突然消失之後，這口聚集著巨大寶藏的聖井怎麼可能被荒野叢林湮沒呢？

　　神祕的瑪雅人，神祕的瑪雅人聖井寶藏，世人什麼時候才能夠破解他們留下的那些祕密。

夏
朗德修道院的寶藏

夏朗德位於法國西南部，雖然只有一千多名居民，但也是一座歷史名城。法國海軍中尉羅日‧德‧卡爾博尼埃男爵佔領夏郎德之後，不僅放火燒毀了夏朗德修道院，還屠殺了修道院裡所有的修道士。

屠殺之前，修道士們已經預感到大難臨頭，十分謹慎地把聖物和財寶隱藏了起來。結果，修道院裡的修道士全部遇難，沒有留下一個活口，這批聖物和財寶也隨之成了千古之謎。

幾百年來，夏朗德的居民經常會奇蹟般的發現閃閃發光的金銀財寶和各種罕見的聖物。

而且每隔七年，在春暖花開的季節總有不少宣稱「修道院的珍寶將出現在聖體顯供台下」的佈告，張貼在夏朗德的大建築物正門和古老市場的柱石上。令當地人心存異動，又不知所措。這使人們更加堅信，此地一定埋有一筆寶藏。但是它們究竟埋藏在何處呢？

四百多年前的夏朗德人，不知道是出於什麼動機和目的，把這座小城的地下挖成了縱橫交錯的地下網道，其複雜程度不亞於現代的迷宮。這些地下網道大部分都跟地面建築物相通，一部分地下網道與城堡相連，一部分地下網道與修道院、教堂相接，另一部分地下網道則與住宅、莊園相通，而地下網道之間又彼此相連。最近幾十年，有的地下通道因年久失修坍塌了，剩下的大多數通道被居民們用水泥砌成

的厚牆隔斷，所以要清理發掘這些地下通道幾乎是不可能。

　　克萊蒙家族一直流傳著他們祖輩，在四百多年前的一次奇遇：1562年，年輕的牧羊人克萊蒙為了逃脫胡格諾派教徒的迫害，躲進夏朗德附近的一個山洞中。他在山洞裡偶然發現了一個地下通道網。他沿著其中一條地道一直走了兩天以後，發現有一個出口就在離夏朗德4公里處，一個極為隱蔽的地方。

　　據克萊蒙敘述，這條地道很寬，可以讓一名騎士騎著馬順暢的通過。地道裡還有一大一小兩座教堂，大的可能屬於夏朗德城的楠特伊・昂・瓦萊修道院，小的也許屬於夏朗德的聖索弗爾修道院。這些地道結構是非常複雜的，它的作用可能是藏寶、作戰、修道等。法國作家馬德萊娜・馬里亞還把這一傳說寫進了《夏朗德人的故事和傳說》一書之中，此書被列為尋找夏朗德城珍寶的參考書之一。

　　距離夏郎德4公里外，有一個巴羅尼埃小村莊，村裡的維爾太太說：「五十年前，我父親對我講，山洞裡有一條可以通到山岡底下的地道。他曾在地道裡看見過一座很高的大廳，像教堂一樣，四周有一百個凳子。這個地下工程一直延伸到很遠的地方，可以通向夏朗德城的楠特伊。」故事裡所講述的情況與克萊蒙看到的完全相同，這更進一步印證了克萊蒙家族後人的傳說。由此可以推斷，當初不止一人進入過這條地下通道。

　　據當地記載，聖索弗爾修道院當年曾修築有一條20公里長的地下通道，可以直達夏朗德城的楠特伊・昂・瓦萊修道院。因此，如果這個神祕的地下通道網，確實像牧羊人克萊蒙所講的那樣，那麼夏朗德

修道院的財寶，尤其是那些體積大、價值昂貴的財寶和聖物珍品，像金盤子、枝形大燭台、餐器等，很可能都藏在那裡。

前幾年，夏朗德有一群孩子在玩捉迷藏遊戲時，在佩里隆家所在地區的一幢老房子下面發現了一條地道。孩子們非常好奇，他們偷偷溜進地道中，藉著手電筒的亮光，沒走多久就發現遠處有一個帶三個跨度的拱頂大廳，裡面還有一個石頭祭台。有人猜測，它很可能是一座地下教堂。

當初夏朗德人為什麼要把教堂修到地下呢？是出於什麼目的呢？

有人認為是出於一種宗教虔誠，是想表明不但在地上，而且在地下人們都供奉上帝；還有的人認為小教堂也許是一種標誌，很可能是指明財寶藏於何處的標誌。遺憾的是，從這個被認為是地下小教堂大廳延伸出去的地道已經有三分之一的地方被塌下來的土所填滿。所以，儘管人們眾說紛紜，但再也無法考證。

那幢房子主人的孫子說，他小時候曾跟著父親在這等沒完沒了的地道中走了一兩公里，直到夏朗德河附近時才發現地道早已被填塞。他父親經過仔細觀察後認為，過去有人也曾進入過這個地道，他們很可能發現了一筆財寶，但在挖掘時，由於誤觸了機關而使地道塌方，結果人財兩空。許多人都相信這一看法，也有好奇者慕名來此，想進入地道看看到底有什麼機關。但遺憾的是，這個地方的女主人拒絕任何人進入，這就使進一步的探索無法進行。

當地人還說，有一條從一個穀倉底下開始的地道，可通到聖尋弗

爾修道院及其四周附屬的八座教堂。這條地道朝這座房子方向的另一條支道，可通往一座地下小教堂，從那裡又可以繼續通往巴羅尼埃村附近的一個山洞。在這個山洞裡還有一個入口，可直達地下大教堂，在大小教堂底下還有一些地道通往不知名的地方，也許那筆巨大的寶藏就埋藏在此處。

　　夏朗德這座古城，不僅佈滿迷宮一樣的地下網道和大小教堂，而且還埋藏著中古時代流傳下來的一筆無法估價的珍寶。幾百年來，它讓一代代尋寶者遐想聯翩，但至今仍沒有人能夠找到。

死
海古卷寶藏

死海位於耶路撒冷以東25公里和特拉維夫以東84公里處的約旦河谷南端，是世界上最低的內陸湖。死海的水具有全世界最高的含鹽量和密度，比通常的海水鹹10倍。因此，死海一帶的空氣中含有世界上含量最高的具鎮定作用的溴，這樣的空氣不僅是治療呼吸系統疾病和進行日光浴的絕佳場所，也是古代人隱藏物品的最好地點。

近半個世紀以來，死海之所以一直備受世人關注，並非因為它是世界上最大的「床」，而是因為在死海的庫姆蘭發現了「死海古卷」。

那麼，死海古卷到底是怎麼一回事呢？

1947年3月，小牧童阿狄布丟了一隻羊，對小孩子來說，這是一件大事。他為了找到這隻羊，走了很遠的路，來到死海西北角的一個叫庫姆蘭的地方。他邊走邊四處張望，當他抬頭看到高處的懸崖絕壁上有一狹窄的洞口，這個調皮的小牧童隨手撿幾塊石子扔了進去，突然他聽到洞裡好像有東西被擊碎的聲音。

他馬上把小夥伴阿美·穆罕默德找來，兩人一同鑽進洞裡。進洞之後，他們發現裡面的沙土下有一些高的圓陶罐和一些破陶罐碎片。這兩個孩子猜測陶罐裡一定藏著值錢的東西，他們迫不及待地打開陶罐，卻大失所望，裡面並沒有他們期待的黃金和珠寶，只有一卷卷用

麻布裹著的黑色發霉味的東西。其中有十一幅卷軸用薄羊皮條編成，外面蓋著一層腐朽的牛皮。

他們把卷軸打開，發現上面密密麻麻寫滿了字。兩個孩子不知道這到底是些什麼東西，於是，便拿了幾捆羊皮捲到耶路撒冷去賣，得到一點錢。這兩個孩子發現的就是後來被稱之為無價之寶的「死海古卷」。

雖然當初巴勒斯坦文物部的一位官員認為那些東西「一文不值」，但幾經周折，第二年這些東西到了耶路撒冷古城聖馬可修道院敘利亞東正教大主教阿塔那修・塞繆爾的手中。

他仔細研究了羊皮捲上的文字後大吃一驚，他認出來這是幾篇最古老的希伯萊文《聖經》的抄本，便立即找到發現古卷的兩個男孩，讓他們把山洞裡的羊皮卷都拿出來，然後全部買走。

與此同時，耶路撒冷希伯萊大學的考古學家E・蘇格尼克教授知道這一消息後，設法從一個牧民手裡購買到了三卷羊皮古經書。

很快，阿狄布發現「死海古卷」的消息在世界各地傳開。許多國家的考古學家、歷史學家和宗教界人士聞訊紛紛前往庫姆蘭山谷進行發掘，其中最大的一次發掘是從1948年下半年起，由法國天主教和約旦文物部共同組織的。

經過三年的多次發掘，他們在庫姆蘭山谷又找到了大約40個洞穴，其中11個洞穴中有經卷，共發現古經卷600多種，其中數十卷較為完整，另外還有數以萬計的殘篇碎片。

後來，一些當地的牧民也開始在死海沿岸展開搜索，他們又找到

10個洞穴，發現了更多卷軸和殘卷。

　　那麼，這些古羊皮經卷是什麼時候被藏在這裡的？上面到底寫了些什麼內容？

　　美國約翰‧霍普金斯大學考古學家威廉‧奧柏萊博士在鑑定古卷的卷軸之後，認為其年代應在公元前100年左右。而芝加哥核子研究所的專家們，確定這些古經卷產生的時間是在公元前250年到公元68年之間，距現在已經二千多年了。

　　專家們發現這些古卷中大多數文件和碎片都用希伯來文寫的，少數是希臘文，其中有些尺寸還不及一枚郵票大。這些古卷包括五百多種遠古經書，內容主要是《聖經》抄本以及其他一些希伯來文、拉丁文、希臘文文獻。大致可分為以下幾類：

　　一、《希伯萊聖經》共有39卷，其中除《以斯帖記》其他各卷都有全部或者部分的抄本。這些抄本對於斷定古卷的年代和研究《聖經》的翻譯情況具有重要的參考價值。

　　二、從公元前2世紀到公元1世紀在猶太人中廣泛流傳的經書，如《多比傳》、《所羅門智訓》、《以諾書》《巴錄啟示書》、《禧年書》等。

　　三、《聖經》的註釋和評論。

　　四、庫姆蘭社團法規。它們主要是記述當初居住在庫姆蘭的人們的宗教活動、遵守的行為準則以及舉行的禮拜儀式等文獻。

　　五、感恩詩篇以及其他文獻，包括文書、信件等。

　　六、還有兩卷特殊的古卷：一卷刻在銅片上，由於銅卷　蝕嚴

重，不得不將它鋸開成條，上面記載的是耶路撒冷聖殿財寶的名稱、數量和埋藏的各個地點；另一卷是長達28英尺，有66欄經文的《聖殿商卷》，詳細記述了耶路撒冷聖殿的建造結構和裝飾，以及有關獻祭、守節、潔淨禮儀方面的一些具體規定。

除經卷外，在洞穴、遺址及周圍一帶還發現不少的陶器、錢幣、武器、農具、生活用具。在距離第一個洞不到600米的地方，發現了一座道院的廢墟，裡面有一張長寫字檯和長凳、兩個墨汁瓶和一些陶罐。

那麼，是誰把這些古卷藏在庫姆蘭的山洞裡，他們又為什麼要這樣做呢？經過專家們長期對死海古卷的整理和研究之後，提出了種種設想：

有人認為，發現古卷的這一地帶原來可能是古猶太人的一個圖書館，否則不可能藏有如此浩繁、包括各種派別的經籍。

有人認為，這裡可能是一個抄經寫經的場所，後來大概遇到什麼突發事件來不及轉移，而使大批經卷保存在這裡。

也有人認為庫姆蘭當時是猶太人的一個軍事要塞，公元1世紀猶太人起義反對羅馬人的統治，在同羅馬大軍決戰時，為了防止這些重要經籍散失或被毀，就將它們集中存放在庫姆蘭一帶。後來猶太人起義遭到失敗，他們在逃亡之前就把藏有經卷的洞穴封起來。於是，這批經卷就在庫姆蘭山洞中保存了下來。

還有一種意見認為，庫姆蘭是猶太教艾賽尼派社團的集中居住地。公元前1世紀，艾賽尼派因贊成彌賽亞運動，反對馬卡比王朝而

受到迫害，紛紛逃至邊遠山區。

有些信徒來到庫姆蘭一帶，他們過著一種公社式的宗教集體生活，並收集和抄寫了大量的宗教文獻典籍。羅馬大軍進入巴勒斯坦後，為了避免受到迫害和擔心《聖經》抄本散失，就把它們裝入陶甕封藏在周圍懸崖的洞穴中。

後來猶太人被羅馬人打敗後，艾賽尼派也遭到殺戮，庫姆蘭社團被徹底毀滅之後，此地成為一片廢墟。歲月流逝，那些存放在洞穴中的經卷也就湮沒於死海的荒漠之中，直到近二千年之後才被人發現，重見天日。

那麼，死海古卷的發現有什麼意義，它的價值又在哪兒呢？首先，現在世界各國流傳的《舊約聖經》最古老的全集抄本，時間是在公元1010年，最古老的單卷抄本是在公元9世紀才確定的「馬所拉文本」。

作為猶太教和基督教最重要經典的《舊約聖經》，在長期的口傳和傳抄中難免會發生一些錯漏和謬誤，而「死海古卷」中的《聖經》抄本卻從未經後世修改、增刪，保留了最古老的原本樣式，因此可以作為更權威、更準確的文本來對現行的《舊約聖經》進行校訂。因為誰都知道，假如沒有權威的古文本為依據，任何人都不敢對《聖經》做任何改動。所以，世界上所有的信徒們都企盼著將來能在研究死海古卷的基礎上，出版一種新的校勘本。

其次，由於死海古卷中有很多不同文字的抄本，對歷史和語言學家研究古代語言文字的發展演變是非常珍貴的。

還有，自古以來，人們對猶太教艾賽尼派知之甚少，人們也僅僅知道該派是當時猶太人中的四大派別之一。然而，這次發現的「死海古卷」中有大量關於艾賽尼派情況的資料、社團法規、感恩詩篇，還有他們描寫光明之子與黑暗之子戰爭的作品。這對以後瞭解和研究艾賽尼派的宗教思想和社團生活是非常珍貴的。

　　再有，「死海古卷」不僅對研究基督教與猶太教之間的關係，以及兩者之間在教義、經典、儀式、組織形式等方面的聯繫也具有特殊的意義。對研究古代西亞地的社會生活、政治制度、經濟狀況、文化藝術、民族關係等許多方面，也都是極其珍貴的材料。

　　目前死海古卷還有幾個謎等待人們去解開：

　　第一，在死海古卷裡有兩卷最為奇特的刻在銅片上的古卷，而在這卷銅片上，恰好記載的是耶路撒冷聖殿寶藏的名稱、數量和埋藏的各個地點。

　　如果人們能夠準確地解讀這兩卷銅片，那就能找到人類歷史上最具精神文化價值的聖殿寶藏。但因為這是兩千年前的古銅卷，發現時已嚴重銹蝕，有關人員不得不將它鋸開成條。

　　遺憾的是，銅卷被鋸成小條之後，卻再也無法完整地拼湊起來，以致人們至今還無法識別寶藏的地點。

　　第二，庫姆蘭地區已被發現的古卷雖然已數量驚人，但是未被發現的到底還有多少呢？

　　第三，儘管以色列政府在1969年撥鉅資在以色列門建造了「死

海古卷館」，儘管來自世界各地參觀的人們可以看到被置於玻璃展櫃中的極少古卷的原件，儘管經過半個世紀的研究，專家們從死海古卷中發掘到許多珍貴的材料。但一方面因古卷浩瀚繁雜，許多經卷還有待於進一步整理和研究；另一方面，發現古卷時，歷經二千多年的風雨，好多都已支離破碎，現在學者還在竭盡全力地拼湊和研究數以萬計的殘篇斷稿，因此，大部分死海古卷中的內容至今尚未公佈。

那麼死海古卷裡面到底有多少祕密呢？死海古卷的全部祕密什麼時候才能公諸於世？目前，這一切都是未知數。

克
里斯皮神父的寶藏

在厄瓜多爾的昆卡市，有座名著名的「瑪利亞·奧克斯雅朵娜」教堂。教堂裡的神父——卡洛·克里斯皮非常受當地人尊敬。在長達五十年的歲月中，這位神父盡其所能，竭盡全力來幫助和照顧當地的印第安人，並贏得他們的信任和愛戴。後來印第安人把很多祖輩珍藏的藝術珍寶作為禮品送給神父。

印第安人贈送的珍品被神父放在教堂的後院裡。存放在三個房屋，包括石碑、石柱、黃金、白銀、青銅、黃銅等多種製品。德國記者馮·丹尼肯參觀了神父的收藏，發現其中有好多鮮為人知、神祕莫測的古代印第安人的文化遺物。例如，有個52厘米高的黃金雕像，按正常人的比例製作，但奇怪的是，它的手指和腳趾各有四個指頭。這是怎麼回事？沒有人能解。唯一的線索是，蒂瓦納科太陽門上的「飛神」石雕也是四個手指，而在當地印第安人中，也流傳著關於來自外星的女神「俄雅娜」的傳說，這位「俄雅娜」女神，也是只有四個手指。

另一個使人困惑的物品是個實心黃金球，它鑲著寬邊，並閃耀著神祕的光芒。有人認為，球體在遠古時代就是空中交通工具的形式，而這個金球是宇宙飛船或者空間站理想的模型。令人不可思議的是，這個黃金球的底模竟出現在離厄瓜多爾1.2萬公里的土耳其，它現在保存在伊斯坦布爾土耳其博物館裡。

還有塊長50厘米、高14厘米、寬4厘米厚的黃金板，在碑上的56個正方形中壓印著56個不同的符號，直到今天無人能夠辨認。有人認為這塊板的製作者掌握著一種由56個符號組成的密碼，或者是一種字母表，或者是一種更有價值的文字。然而到目前為止，人們普遍認為在南美洲從未有過類似的文字。卻有一位梵文教授認出其中一些是古代印度婆羅門的文字，可是為什麼在厄瓜多爾的高原上會出現古老的印度婆羅門文字呢？還有個刻著金字塔的黃金板，在它的兩側有兩頭美洲豹在往上爬，兩條蛇盤在上方的天空，黃金板的底部兩側各有一頭大象。然而古生物學家告訴我們，早在公元前2萬年大象就已在南美滅絕，而公元前1.2萬年印第安人才進入美洲。那麼，這些大象是怎麼被刻在黃金板上的呢？

在厄瓜多爾的高原上出現古老的印度婆羅門文字？在黃金板上，還有刻有金字塔和大象？可見，在神父收藏的印第安文物珍品中，到處都有著神祕的疑團。所有這些藝術品到底是印第安人的祖傳珍寶，還是後人偽造的贗品？丹尼肯認為，這些藝術品大部分是古代印第安人的祕密寶藏，因為這些古代文物不僅人物面貌等各方面與眾不同，而且藝術風格也不同於已知的任何藝術流派。

神父曾親自對人說過：「印第安人送給我的所有東西都是出自於紀元前，大部分黃金標記和史前描述比大洪水時期還早。」這樣一位被當地人譽為活聖人的神職人員，他的話應該是可信的，但這些文物珍品種種令人不可理解之處，又該怎樣解釋呢？

聖物 金燈台

「金燈台」又稱「摩西燈台」，舊約《出埃及記》對這個燈台作了詳細的描述，它是用純金製成，形狀像一株很規則並有七根枝幹的樹。

從主幹上分出六個枝杈——每邊各有三枝。每一個枝杈都有三片扁桃狀的花萼、一個子房、一枝花朵，花萼中插著一盞金質油燈。燈台主幹有四片這樣的花萼，第四片花萼在最頂端，用來盛橄欖油和燈芯。

「金燈台」的底座以及所有的枝杈和裝飾物都是用一整塊黃金打造，沒有焊縫。這個燈台重400公斤，都是用成色上好的純金製成，燈台還配備有金質鑷子和燈油鏟。

對於猶太人來說，「金燈台」是信仰之燈，是上帝七日創造世界的象徵，燈台的主幹則代表安息日。可惜的是，這盞非同小可的聖燈失蹤了，猶太人還能不能找回他們的信仰之燈？失蹤的聖燈有沒有給後人留下什麼重要線索呢？

在「永恆之城」的中心，在古羅馬廣場的廢墟上聳立著狄度皇帝的凱旋門。這座凱旋門完好地保存到今天，從它的浮雕上可以看到羅馬軍團的赫赫戰功。軍團的兵士們頭戴勝利者的桂冠，手舉寫有戰敗城市名稱的標牌，其中一個標牌上寫著「耶路撒冷」。

大理石詳細地記錄著公元前70年「神聖的狄度即神聖的韋斯巴薌之子」駕著鍍金馬車榮歸羅馬的情形。這位勝利者身後跟著一隊隊俘虜，他們拉著一車車從耶路撒冷第二殿堂掠獲的財物、器皿、銀製軍號。在不計其數的戰利品當中，有一件猶太人的聖器——「金燈台」。

　　這事就要從兩千多年之前說起，當時巴勒斯坦在敍利亞皇帝葉皮凡‧安提奧克四世統治之下。希臘人試圖迫使猶太人放棄自己的信仰，要求他們信仰希臘人的多神教。安提奧克四世下令將耶路撒冷第一殿堂，改作奧林波斯的宙斯神殿。

　　但是，猶太人並沒有屈服，他們在馬卡貝烏斯‧猶大的領導下與安提奧克的軍隊戰鬥了三年。猶太人剛剛取得勝利，就收復了耶路撒冷殿堂，清除殿堂裡的多神教偶像和器物，毀掉被玷污的祭壇，建造新的祭壇。

　　當馬卡貝烏斯的兵士們清掃殿堂時，他們發現只剩下一小罐聖油。這個油罐是以前的神職人員偷偷藏起來的，但罐裡的橄欖油所剩無多，只夠約櫃前的聖燈點燃一天。

　　奇怪的是，幾天幾夜過去了，聖燈依然亮著。聖燈不需要油仍然能夠燃燒的奇蹟，一直堅持到神職人員收集到大量燈油。

　　於是馬卡貝烏斯‧猶大宣佈一個節日，慶祝殿堂被重新呈獻給上帝。這個節日就叫「哈努卡」，因為這個詞的意思是「獻給」。為了紀念盛聖油的罐，在八天的慶典中每一天點燃一支蠟燭或一個燈芯，從一支蠟燭開始，以後每天增加一支。

到了公元534年，「金燈台」被運往君士坦丁堡，然後從那裡送回耶路撒冷。這些珍寶毀於一場戰爭之中，歷史學家們推測，這件事發生在公元1204年，即第四次十字軍東侵期間。「金燈台」從此無蹤無影，關於這事流傳著許多傳說。據其中一種傳說，早羅馬的時候，就有一夥惡徒把「金燈台」丟棄到台伯河渾濁的河水中。

另一種說法是，狄度皇帝從耶律撒冷運出的那個燈台，只不過是耶路撒冷第二殿堂中的許多燈台之一，並非摩西燈台。而真正的「金燈台」，早在耶路撒冷第一殿堂被毀之前，就被神職人員收藏起來了。

隨著時間的推移，「金燈台」的名聲傳遍世界各地，它的圖形是以色列國家的象徵。猶太人一直相信這件聖器仍然存在，很多人都試圖尋找它。

這種尋找工作從翻閱檔案資料突然轉入高層政治領域。1996年1月，以色列宗教事務部部長希蒙·希特利特出訪羅馬。在他的訪問計劃中，除了會見義大利官方人士外，還包括拜訪梵蒂岡，甚至還包括教皇約翰·保羅二世的親自接見。當談話進入高潮、討論到羅馬天主教教宗訪問「聖地」問題時，以色列部長突然扭轉話題。

希蒙·希特利特對教皇說，根據他的政府現有的資料，聞名於世的「金燈台」並未遺失，而是秘藏於梵蒂岡的地下室裡，並且說：「歸還這件聖器，或者只是查明它的下落，對於以色列人民和天主教界的關係具有十分重大的意義。」接下去，部長補充說，以色列政府

是依據佛羅倫薩大學的專家們所做出的結論和研究結果，提出自己的建議的。

　　約翰‧保羅二世平心靜氣的聽完了以色列部長慷慨激昂的陳詞，似乎並沒有一口回絕他的請求。

　　根據希蒙‧希特利特的看法，這有可能意味著「信仰之燈」就藏在教皇城邦青銅大門內的某個地方。猶太教的信徒們都期盼著能早日重新見到「金燈台」。

猶
太人寶藏

　　歐洲人有句口頭禪：「世界的財富在猶太人的口袋裡，猶太人的財富在他們的腦袋裡。」猶太人的善於經商和富有是舉世公認的。猶太人還是有名的節儉民族，他們幾乎家家都存有大批的財富。隨著法西斯對猶太人的大屠殺，猶太人世世代代積累的財富被德國人搜掠一空。

　　「二戰」結束後，被納粹德國掠奪走的猶太人的黃金、珠寶、錢財和藝術品的去向，成為人們關注的對象。不論是國際猶太人組織、有關國家政府、尋寶者、探險家還是遇難者的後人，都懷著各自不同的目的，關注著這筆珍寶的下落。

　　不久前，一位不願意透露姓名的神祕的男子走進希臘雅典猶太人總部。到總部之後，他指名道姓的說要見負責人康斯坦丁尼。並且說，假如他們不能滿足他的要求，他什麼都不會說。

　　在總部人員的帶領下，他見到了康斯坦丁尼。他告訴康斯坦丁尼，他可以協助總部找到一批被德國法西斯沉入希臘海域的猶太人的寶藏，這批寶藏總價值高達十多億美元。聽完這個人的訴說，康斯坦丁尼決定資助他的打撈行動。這個神祕人怎麼能憑幾句話，就輕易說服康斯坦丁尼呢？原來在這個神祕男人的背後有一段傳奇般的故事。

　　1957年，神祕男人因為犯重罪被判入獄，湊巧與納粹劊子手默登關在希臘同一家牢房裡。他發現默登沒事的時候，總是一個人在地上

用手指畫個不停，還自言自語地計算著什麼。默登這種奇怪的舉動很快引起了他的好奇，但無論他怎麼問，默登就是一聲不吭。後來，他想盡一切辦法，終於得到了默登的信任。原來默登在牢房裡日夜琢磨的是一筆猶太人的價值十多億美元的巨大寶藏。

這個神祕男子再也坐不住了，他日夜和默登在一起商議怎樣能盡快出獄，怎樣把那筆寶藏弄到手。最後默登在地上給他畫了一幅藏寶地圖。聽完他的訴說，康斯坦丁尼不由大吃一驚。因為在不久前，原來被希臘軍事法庭判處25年勞役的默登，卻以不充分的理由神祕獲釋，更為離奇的是德國有關方面竟然派來專機把他接回了德國。

康斯坦丁尼馬上想到，默登是當年納粹入侵希臘後執行屠殺希臘人的最高官員，他的主要職責就是集中「解決」希臘港口城市的猶太人。像奧斯維辛集中營的猶太人一樣，在希臘的德國人在處決每一個猶太人前，先要拿來他們厚厚的錢包、行李箱、摘下他們的珠寶、戒指、寶石、項鏈、耳環、金牙和各種裝飾。那時候，每天納粹總部都會收到像小山一樣的猶太人的珠寶和錢財。整個希臘，只有3％富有的猶太人僥倖逃過了納粹的魔掌。

康斯坦丁尼心想，難怪戰爭結束後，這批價值十多億的財寶下落不明，難怪希臘政府曾多次搜尋始終一無所獲。難道德國人急著使他「獲釋」，是想搶先一步得到這批猶太人的寶藏嗎？但他轉而又想，據後來逮捕的納粹戰犯說，凡是和默登在一起共事的人都知道，此人向來獨斷專行，貪得無厭，以他獨裁的作風。應該已把財物私自收藏起來據為己有。這個神祕陌生人的話可信嗎？康斯坦丁尼在心裡反覆

琢磨著這件事，他也不敢對此事輕易作出判斷。

神祕男人走後，康斯坦丁尼馬上向頂頭上司做了匯報。他說：「我感到此人所說的一切似乎有些不可思議，但我必須承認他所提供的一切資料，例如該批寶藏的具體描述，以及默登個人鮮為人知的一些嗜好和日常舉動，可信度非常高。只有和他常年在一起的人才會瞭解得這麼清楚。因此，我決定依照他的指示進行打撈。」他的上司表示完全支持他的一切想法。

康斯坦丁尼制定了一系列計劃，申請了一筆尋寶的經費，並很快把這些計劃付諸為行動。然而，他們還沒來得及組織尋寶隊的人馬。神祕男人卻因犯欺詐罪再次入獄。

在這種情況下，歐洲開始了第一次遙控「尋寶」，神祕男人在監獄裡，透過必要的通信設備向尋寶隊提供地點和準確的資料。按照神祕男人提供的資料，那個埋藏著猶太人巨寶的地點應該在希臘中南部的卡拉邁海域。於是，整個打撈行動將完全聽命於他的「遙控」，正因為這是一次遙控指揮，使尋寶行動增添了幾分傳奇色彩，所以一時間吸引了世界各地的尋寶者的好奇。

根據當初神祕男人與康斯坦丁尼簽訂的協議，假如這次尋寶行動一旦成功，那麼這十多個億美元的寶藏將先分成兩半，一半歸希臘政府所有，一半由當地猶太人的組織與這個神祕男子平分。

那麼，這批財寶是否能夠找到呢？人們都在拭目以待。

古墓
寶藏之謎

Chapter 4

圖坦卡門陵墓寶藏

在埃及利比亞沙漠的一個山崖間，有幾十座神奇的地下墓地。這些陵墓建造得十分巧妙，墓穴的入口完全是隱蔽的，人們很難發現它。

許多考古學家想撬開地下宮殿的大門，但都沒有實現。有個叫卡特的英國考古學家帶著助手們不停地勘察，也一無所獲。卡特下令在工人搭有棚屋的地段動土挖掘。在清理了大量的沙石以後，十六級寬大的石階展現在人們眼前，盡頭是嚴密封印的墓門。石梯鑿在岩石上，通向一個以一堵牆封住的門。石膏牆面上，蓋著基地守衛者和一個鮮為人知的法老的印章，一切完好無損。

卡特立刻停止發掘工程，封閉墓穴入口，給英國的工作夥伴卡納馮發了封電報，讓他馬上來埃及。卡納馮收到電報，決定立即趕往埃及。這時，一位預言家趕來勸告他此次埃及之行非常危險，卡納馮的心裡也有一種不祥的預感，但他還是帶著女兒起程了。兩星期後，卡納馮和女兒來到發掘現場，工作人員用兩天的時間，重新把石門清理出來。他們走近墓門仔細審視，門的下面蓋著圖坦卡門法老的金印，現在他們可以肯定，這扇門後面很有可能是圖坦卡門法老的陵墓。他們還發現門的下面有過修補痕跡，顯然門被毀壞過，法老的陵墓是不是已經被盜過了？

卡納馮和卡特小心翼翼地打開墓門，門裡是一條斜坡狀通道，通道盡頭是一扇門，用一堵牆封住，同樣蓋著圖坦卡門法老的印章。這扇門也被修補過，所有的人都很緊張，裡面會不會是間空室？碎石被清理走了，卡特用顫抖的雙手，搬開第二扇門口的幾塊石頭，從窟窿裡伸進一支蠟燭。起初墓穴裡的熱氣使燭光搖曳，隨後，顯現了一些奇特的動物形象和雕像，三張金漆的臥榻、四周雕成怪獸形狀；兩尊跟真人一樣大小的法老雕像，面對面站著；周圍還有數不清的花瓶、神器、床架、靠椅、箱籠、寶座，到處金光閃爍，卡特被眼前的景象嚇呆了。

　　但是這間墓室沒有棺材，有可能只是一間藏寶室。第二天，電線接通，墓室裡燈火通明，他們發現了兩尊立像中間的石門，原來這間墓室只是前廳。在門的底部也有被重新堵塞的痕跡。接著，他們在一張臥榻後面的牆上發現一道封閉的石門，門上有一個不規則的小洞，顯然也是盜墓者留下的，不過沒有重新封上。拉過電燈照進去，裡面也是一間墓室，比前廳略小，卡特花了三個小時卸下石門，卡納馮和女兒伊夫琳走了進來，後面是卡特的助手卡倫德。令人吃驚的是這裡的牆上還有一道矮門。他們走了進去，發現這間墓室比前面幾間都小，卻陳列著最珍貴的物品：一座精美無比的立碑，一個形狀像神龕的包金箱子，美得難以形容。箱蓋上刻著九條眼鏡蛇，周圍是四位女神，張開雙臂站著，守護著這個「神龕」。房間的另一面也擺著許多黑色的神龕和箱子，除一個開著之外，其餘都關著。在開著的神龕裡有幾尊站在黑豹背上的圖坦卡門立像，房間中間還有幾只嵌著象牙的

木箱。這是一座未被盜過的完整的陵墓。卡特終於找到了公元前4世紀圖坦卡門法老的陵墓。

為了找到圖坦卡門法老的陵墓，卡特花了五年時間查看了大面積的山地，運走了不計其數的山石，資金即將耗盡，挖掘的許可證也即將到期，但仍一無所獲。就在他們將要絕望的時候，卡特請來協助他的李德博士在法老哈里姆哈伯的墓室附近，發現了刻有圖坦卡門及其皇后姓名的陶器，這一發現，為找到圖坦卡門陵墓提供了主要線索，他們最終找到了圖坦卡門法老的陵墓和巨大的寶藏。

挖掘工作剛剛開始，埃及政府與卡納馮爵士之間發生了爭執，在等待問題解決的日子裡，卡納馮突然神祕死亡，這只是一連串厄運的開始。

卡納馮死亡後不久，卡特得到埃及政府的許可，開始拆卸神龕。卡特揭開花崗岩的棺蓋，第一眼看見的是麻布的屍衣，揭開一層又一層的麻布後發現是一只精美無比的棺材。棺材的外形酷似法老本人，全部用黃金製成，除了手和腳被塑成富有立體感的樣子外，其餘部分採用浮雕。圖坦卡門雙手交叉放在胸前，手裡握著權杖。法老的臉是用金片塑成的，眼珠用的是白石和黑耀石，眉毛和眼圈用的是透明的藍玉，前額鑲嵌著埃及的圖徽：眼鏡蛇和兀鷹。套在這兩樣東西上的是一只小小的花環，枯萎的花兒仍然保持著原來的顏色。棺內又有內棺，內棺也是人形的雕像。揭開這層棺蓋，裡面是一個純金的棺材。揭開最後一層棺蓋，裡面才是法老的木乃伊。

令人遺憾的是，資助這次挖掘的卡納馮未能親眼目睹這一切，但

是從他開始，參與陵墓挖掘的人卻相繼神祕死亡，人數有五十多個，人們把這一連串的死亡之謎稱為「圖坦卡門的咒語」。

古老相傳，在古代埃及，法老是神的代表，他發佈的咒語，具有神奇的魔力。「圖坦卡門的咒語」有一條就刻在墓室外面一塊不易被人看見的陶瓷碑上，是象形文字，內容是：「誰擾亂了這位法老的安寧，死神將展翅在他頭上降臨」；還有一條繪在主墓室裡一尊神像背面，內容是：「我是圖坦卡門陵墓的保衛者，是我用沙漠之火驅趕那些盜墓賊。」令人不安的是，「圖坦卡門的咒語」似乎從遠古中復活，開始懲罰那些打擾冒犯陵墓的人。第一位犧牲者是卡納馮，他在一次全開羅停電事故中死去，距離圖坦卡門的陵墓發掘不到二十個星期。死因是面頰上的一個腫塊。當卡納馮進入圖坦卡門陵墓的入口時，突然被什麼東西叮蜇了一下，頓時左邊面頰上出現一陣難熬的疼痛，而且沒有消腫的跡象。幾天後，卡納馮小心翼翼地刮臉，特別當心避開那個腫塊，不料手中的刮鬍刀卻不聽使喚，一失手切進了腫塊。這個微不足道的創傷，導致他得了敗血病。

卡納馮高燒四十多度，住進開羅一家醫院。他渾身顫抖，多數時間昏迷不醒，偶爾醒過來時便發出驚呼聲，不停地呼喚圖坦卡門國王的名字，請求國王饒恕他，他的面目表情似乎在忍受著巨大的痛苦。

一天凌晨，值班護士突然聽見卡納馮大聲叫喊道：「我完了！我完了！我已經聽見召喚了！」還沒等護士趕到他身邊，醫院裡突然停電了，變得漆黑一團。五分鐘之後，當電燈亮起來時，人們奔到卡納馮的床前，只見他極其恐怖地瞪大眼睛，半張著嘴，已經斷氣了。之

後，電力公司對這次開羅城突然停電又來電的詭異事件，無法作出合理的解釋。

在停電的五分鐘內，卡納馮的病房裡發生了什麼事？卡納馮臨死前看見了什麼東西？沒有留下任何痕跡。奇怪的是，當後來用X光檢查圖坦卡門木乃伊時，發現在他的左臉頰上也有一個傷痕，形狀、大小和部位都和卡納馮被某種東西叮蜇的腫塊一模一樣。

卡納馮之死，不過是一連串死亡事件的開始。神祕的死亡一個接一個，從開羅到倫敦，第二位，第三位，大小報刊競相報導這一件件神祕的死亡事件。被「法老的死神翅膀」掠過的人數迅速增加。

卡納馮死後約六個月，他的同父異母弟弟奧布里‧赫巴德上校也患了精神分裂症，繼而自殺身亡。據說，在這以前從未發現上校有過這種病。

不久，在開羅那家醫院裡護理過卡納馮的護士也突然不明不白地死去。

被卡特請來幫忙的美國考古學家梅西，莫名其妙的昏迷不醒，死於卡納馮住過的旅館。

由卡特陪同參觀圖坦卡門墓的一位名叫戈德的美國人，參觀完畢次日便發高燒，傍晚就死了，檢查不出任何病因。另一位叫烏爾的英國實業家參觀陵墓後，乘船回國途中，也死於高燒。

南非一個富豪參觀圖坦卡門陵墓挖掘現場後，從遊艇跌落進風平浪靜的尼羅河中淹死。

第一個解開圖坦卡門裹屍布，並給屍體做X光透視的亞齊伯爾

特‧理德教授，在拍了幾張照片之後，突發高燒，身體變得極度虛弱，不得不回到倫敦醫治，不久便一命嗚呼。

三年之後，卡特在挖掘圖坦卡門陵墓時的得力助手，52歲的亞博‧麥斯不幸去世。接著卡特的另一個助手理查‧范爾猝然死亡，年僅45歲。

此外，親手接觸過圖坦卡門黃金面具的道格拉斯、李德博士，以及參加過挖掘、調查的學者和專家，在很短的時間內陸續神祕死亡。

最奇怪的是，1929年的一天清晨，卡納馮的遺孀伊麗莎白夫人長辭人世。據報導，她也是被蟲子叮蜇而死的，叮蜇的部位也在左臉頰，與6年前死去的丈夫一模一樣。

卡特倖免於難，活到65歲，平靜地辭世，但死神的陰影卻降臨在他家人的身上，這種復仇比直接讓他死去更可怕。圖坦卡門對卡特的詛咒更為殘酷，卡特的女兒伊夫琳曾與父親一起踏進圖坦卡門陵墓，從此得了憂鬱症。卡特眼看著愛女鬱悶憂愁，他肝腸寸斷卻一籌莫展，其內心的痛苦可想而知。懷特在卡特死後不久留下了一封謎一般的遺書：「我再也無法忍受詛咒了。」隨後上吊身亡。這種死法在西方國家是異常罕見的，因此引起了軒然大波。

根據統計，至少有22個直接或間接與發掘圖坦卡門陵墓有關的人先後逝世，其中13人曾參與挖掘工作。以後，至少有35名學者、專家成了圖坦卡門咒語的犧牲品。

四十多年平安過去了。有一天，突然發生了一起新的死亡事件，這次被圖坦卡門咒語詛咒的是一個埃及人。

一天，開羅博物館館長加麥爾‧梅茲菲博士坐在開羅一家旅館的游泳池旁，與一個名叫菲利普‧范登堡的德國作家談起法老的咒語。梅茲菲說：「生活中常有些奇怪的現象，至今仍找不到解釋。」范登堡問：「那麼說來，你是不是相信法老的咒語了？」梅茲菲沉吟片刻，說道：「如果把這些神祕的死亡事件統統放在一起，很可能會對咒語的事深信不疑，尤其是在古埃及的典籍中，類似這樣的咒語可以說是俯拾即是。」他苦笑了一下，接著說，「我不信這個邪。我一輩子與法老的陵墓和木乃伊打交道，你瞧，我不是活得好好的嗎？」誰知，一個星期之內，52歲的梅茲菲就莫名其妙地死去了。

據說，收藏在開羅博物館地下室裡的圖坦卡門的木乃伊和陪葬品仍然在顯靈，死神的陰影還在蔓延。一位作家打算撰寫一部有關圖坦卡門咒語的小說，剛開始動筆就突然莫名其妙地死去。有人試圖將關於圖坦卡門咒語的傳奇搬上銀幕，也發生了意外的可怕事件，嚇得女主角拒演、導演逃走。

發生在法老陵墓裡的奇怪現象遠不止這些。據說，有位記者在墓室內待了一會兒，出來後就一病不起。一些遊客進入金字塔後，倒在地上大叫道：「救命！救命！我要出去。」甚至有人當場倒地身亡。

法老的咒語究竟是什麼？果真會「顯靈」嗎？謎底在哪裡？

在古埃及的典籍裡，法老咒語「顯靈」的記載比比皆是，而它之所以神祕，是因為在一些死亡事件上往往籠罩著令人毛骨悚然的恐怖氣氛。對此，科學家、學者眾說紛紜。其中有幾種猜測似乎比較合

理。

生物系教授阿扎丁‧塔哈認為，那些考古學家和工作人員，是在陵墓中感染細菌得病去世的。

聯邦德國哥廷根的研究人員，在電子顯微鏡下發現一種殺人真菌。他們認為墓室被打開後，墓穴裡的真菌粘在考古學者和工作人員這些挖墓人的身上，透過人的器官侵入，引起一種致命的病症。

科學家們認為陵墓本身或是陵墓附近有放射性物質的存在，比如說鈾礦。埃及中部發現的含鈾礦石也可以證明這種說法。或是法老陪葬的物品有放射性的物品，含有一種現代人未知的能量，置人於死地。

儘管存在著各種各樣的說法，但是最終都未能揭開「法老咒語」的真正祕密。我們的科學還沒有達到能揭開「法老咒語」的真正祕密的程度，那麼古埃及年代的國王們，又是如何知道咒語的祕密並用它們來保護自己陵墓中的寶藏呢？

成
吉思汗陵墓寶藏

　　一支由美國和蒙古組成的探險隊在蒙古共和國首都烏蘭巴托，靠近俄羅斯邊境的一處偏遠樹林裡，發現了一座由60個墳墓組成的大型墓群，其中有二十座沒有被盜過的古蒙古上層社會的墳墓。這座巨大而神祕的墓群距離成吉思汗出生和封汗的地方不遠，其中很有可能包括元太祖成吉思汗的陵墓。

　　13世紀，元太祖成吉思汗叱吒天下，是人類歷史上最著名的征服者，但他無法征服死亡。成吉思汗死後被神祕下葬，更沒有人知道陵墓裡有多少稀世珍寶。

　　成吉思汗原名鐵木真，他13歲繼承繼父位，成為部族首領，1204年滅乃蠻部，統一大漠，兩年後在斡難河源被各部推舉為「成吉思汗」，建立蒙古國。

　　統一蒙古以後，他開始積極發動戰爭，先後向西夏和金國進攻。以致後來的元朝橫跨歐亞大陸，成為當時最強大的封建帝國。

　　成吉思汗在返回蒙古後不久，在進攻西夏途中意外墜馬身亡，蒙古統治者為了防止盜墓者打擾成吉思汗的安息，將成吉思汗的屍體祕密下葬。傳說有2500名工匠為他打造陵墓，墓修成之後，400名士兵把所有的工匠帶到一個祕密地點集體殺死，隨後這400名士兵也被全部處死。於是，成吉思汗陵墓安葬之地成了永遠的祕密。

為了保住這一個祕密，在元人文獻中不記載帝陵位置、陵號，而是統稱為起輦谷。所以元朝沒有留下任何有關成吉思汗陵墓的文字記載。為了不讓外人找到成吉思汗陵墓的具體位置，成吉思汗手下的將軍還修建了很多假的成吉思汗陵墓，成吉思汗下葬後，將真正陵墓上的土堆踏實踩平，再移植上茂盛的牧草，讓陵墓與周圍草地毫無差別。參加成吉思汗葬禮的2000餘人被800名蒙古勇士全部屠殺，而這800名蒙古勇士隨後也被全部殺害。這之後，再也沒人知道成吉思汗陵墓的祕密。

　　成吉思汗陵墓吸引著世界無數考古學家，各個國家的考古學家都嘗試著尋找這座神祕的陵墓，但是最終都以失敗而告終。

　　2000年，美國探險家穆里‧克拉維茲向外界宣佈了探險計劃，其傳奇性和可操作性立即引起了一些投資者的濃厚興趣，幾位實力雄厚又值得信賴的私人投資者，募集了120萬美元的探險經費。投資者只有一個要求：在三年內找到成吉思汗的陵墓和陵墓裡埋藏的寶物！

　　為了尋找到成吉思汗陵墓，克拉維茲做了充分的準備，他收集了六百多本與成吉思汗和元朝有關的書籍，又在蒙古生活了六年，幾乎花盡自己的一生積蓄。費盡心思的克拉維茲能否如願以償找到八百年前的成吉思汗陵墓呢？克拉維茲帶領著探險隊來到蒙古，把考察的範圍縮小到兩個地點。

　　第一個地點是傳說中埋葬成吉思汗的一座大山，可是考古小組在這座大山裡什麼也沒發現。很快他就來到第二個地點，考古小組在這一地區發現了一百五十座不同時期的古墓，但最後證明都不是成吉思

汗陵墓。後來他們在探險途中偶然認識了一位60多歲的牧羊人。牧羊人說他受父母之命，一直在看護一堵石牆。他的父親告訴他，石牆裡面埋葬著一位重要人物。

在牧羊人的指點下，考古學家克拉維茲找到了那堵石牆。在石牆裡面，他意外地發現了六十座墳墓，他相信這個龐大的墓葬群裡一定埋葬著數不盡的歷史文物。

這座龐大的神祕墓葬群，一面靠山，其他三面被又長又高的石牆環繞著，其間沒有斷口。在圍牆內部有上下兩層墓區，上層墓區有二十座未被破壞的陵墓，從墳墓的建造工藝和大小判斷，應該是元朝貴族的陵墓，下層墓區有四十座墳墓，也都完好無損，規格比上層的二十座墓稍低一些，但也十分考究，絕不是尋常百姓的墳墓。上層墓區和下層墓區之間有一條隱約可見的古道連接。

從初步勘探的情況來看，較大陵墓低窪的地帶，有四十多個大小不一的蒙古貴族墓葬群，有一條古道從大陵墓通往四周的小陵墓。墓地表面發現的一些陶瓷碎片上刻著日期，專家根據歷史資料推斷，這可能是成吉思汗的誕生日期，當地的民眾將這個神祕的墓葬群稱為「成吉思汗城堡」。

在這座墓群裡是否安葬著成吉思汗呢？只要發掘開陵墓馬上就可以知道結果了。就在克拉維茲多年的心願馬上要實現的時候，他遇上了一個難題。蒙古人信仰宗教，蒙古人告誡克拉維茲，如果他們膽敢把鏟子鏟到地上，那他們誰也別想活著走出蒙古。

克拉維茲面對著充滿希望的陵墓，陷入了絕境，他一邊與蒙古政

府周旋，一邊想辦法確定成吉思汗陵墓的具體位置。

這座龐大的神祕墓葬群裡真的有成吉思汗的陵墓嗎？陵墓裡會不會像蒙古歷史學家預言的那樣：成吉思汗陵墓裡埋藏的奇珍異寶，絕不遜色圖坦卡門國王陵墓裡出土的寶物，陵墓裡的工藝品甚至會比秦始皇陵墓出土的兵馬俑還要壯麗？

這一系列問題的答案只是人們的猜想，直到陵墓打開的那一天，所有的問題才會有一個準確的答案。

慈
禧太后陵墓寶藏

　　清東陵是清朝三大皇家陵園中規模最大、葬人最多、最具特色的一座。這裡建有順治、康熙、乾隆、咸豐、同治五座皇帝陵，四座皇后陵，五座妃園寢，一座公主園寢，這些陵寢都極其豪華。其中的慈禧陵墓，更是顯示了這個統治清王朝四十八年的女獨裁者的奢侈。

　　《愛月軒筆記》上記載：

　　『慈禧入棺前，棺底先鋪上三層金絲串珠繡花錦褥和一層珍珠，共一尺多厚。棺頭置放一個滿翠碧透的翠玉荷葉，此玉葉面上筋絡為天然生成，棺尾安放著一朵碧金大蓮花。頭戴珍珠串成的鳳冠，是稀世無價之寶。

　　身著通貫金線串珠彩繡袍褂，蓋的衾被上有珍珠製成的一朵碩大牡丹花；手鐲是用鑽石鑲成的一朵大菊花和六朵小梅花連貫而成。屍身旁放置有蒲翠、白玉、紅寶石、金雕佛像各二十七尊。腳下左右兩邊各放菊翠白菜兩棵、蒲翠絲瓜兩個、蒲翠西瓜一個，還有寶石製成的杏、棗、桃李、李二百多枚。

　　她屍身右側放置一株玉雕紅珊砌樹，上繞青根綠葉紅果玉蟠桃一枚，樹頂停落一隻翠鳥。屍身左側放置一枝玉石蓮花和三節白玉石藕，藕上有天然生成之灰色「泥污」，藕節出綠荷葉，開粉紅色蓮花。這些奇珍異寶乃天然雕琢。棺內還有玉石駿馬八尊、玉石十八羅

漢等七百多種珍寶。為填補空隙，棺內還倒入四升珍珠和紅、藍、寶石二千二百多塊。慈禧口中含有一顆巨大夜明珠，當分開為兩塊時，透明無光；合攏時則是一個圓珠，射出一道綠色寒光，夜晚百步之內可見頭髮。』

可見慈禧太后不僅生前窮奢極欲，死後也要躺在成堆的金銀珠寶之中。這些珍貴的陪葬寶物，很快就成為盜寶賊的目標，她死後不到二十年，就被孫殿英盜了陵墓。

孫殿英以軍事演習為名，祕密挖掘了清東陵慈禧墓和乾隆墓。據孫殿英回憶：慈禧的棺蓋一掀開，滿棺珍寶就使人眼花繚亂，光彩奪目，連手電筒的光亮也黯然失色！孫殿英把陵墓中極少一部分珍寶賄賂給當時政界要人，剩下的大部分東陵寶藏，至今下落不明。

民間有一個傳說，孫殿英將部分東陵寶藏賄賂給了上司徐源泉，徐源泉將寶藏埋在自家公館的地下密室裡。「文革」期間，有人在武漢新洲徐公館附近挖出不少槍支軍備，結果有關徐公館藏有巨寶的說法傳了出來。

2001年2月的一天中午，武漢新洲徐公館附近來了兩個陌生人，他們沒有當地文物部門人員的陪同，私自走訪了當地的很多位老人，收集了大量的資料，這兩個陌生人在臨走前透露了一條消息：徐源泉可能將財寶埋在徐公館的地底下。

原來這兩個人是西北某大學歷史系教授，這次來武漢是為了查尋1928年孫殿英送給徐源泉的部分東陵財寶的下落。沉寂了七十多年的東陵寶藏歷史懸案再度沸沸揚揚，東陵寶藏真的埋在武漢市新洲徐公

館嗎？

　　史料記載：1931年，時任國民黨中央執委第六集團軍陸軍上將的徐源泉，耗資十萬大洋在倉埠鎮建成佔地面積4230平方米的徐公館，據當地老百姓講，徐公館是徐源泉為母親和妻室建造的，他沒在這裡住過，公館建成後，徐源泉派出兩個連的兵力將其保護起來。

　　公館的地下室有一條暗道，傳說寶藏就埋在這條暗道裡。「文革」期間，曾有人在徐家公館附近挖出了一條地道，地道中不斷冒出水汽，眾人懷疑地道下可能有機關和毒氣，就沒敢再下去。後來專家們曾經多次對徐公館和徐源泉的親屬、街坊進行了仔細的尋訪，結果並未發現任何有價值的線索。

　　為了搞清徐公館的藏寶之謎，1994年，現任新洲文物管理所副所長的胡金豪，專程探訪了徐公館東廂房下的密室。他仔細地清掃了這間僅幾平方米大、空無一物的密室，並細細敲打每一面牆磚，查看裡面是否藏有機關。

　　胡金豪發現，密室牆上沒有糊上泥巴，有一面牆的磚還參差不齊，似乎牆是臨時砌上去的。由於種種原因，他沒有做進一步的調查，只留下一份他走訪徐公館女佣袁一全的現場筆錄。

　　袁一全回憶說，孫殿英盜走東陵寶藏，當時徐源泉是司令，因此發了財，就用這筆錢修建了徐公館，公館建成後，國民黨曾經在徐公館附近槍斃人，人們懷疑被槍決的人都是修房的工匠。

　　徐源泉姐姐的養子林庚凡老先生卻提供了另一條線索，林庚凡老先生回憶說，他在10歲時到徐公館玩耍，徐公館富麗堂皇，地道裡都

是值錢的寶貝。徐源泉的妻子還有一頂金光閃閃的鳳冠。他認為，徐公館的地下可能藏有清東陵財寶。

對於沸沸揚揚的藏寶之說，新洲區文物管理所所長胡德意認為這純屬無稽之談。早在20世紀的60年代，他就聽到附近的老人家傳說徐公館可能是埋寶的所在地。早些時候，文物部門曾對徐公館進行過一次較大規模的維修工作，但並沒發現有傳說中的藏寶地道。

從新洲區文物所整理的史料中得知：1927年徐源泉被任命為國民黨第六集團軍總司令。1928年7月，他放任部屬孫殿英盜挖清東陵，並接受東陵大盜孫殿英的賄賂，將部分受賄所得的清東陵財寶轉移，據為己有。徐源泉1949年逃到台灣，1960年在台北病死。徐源泉到底將清東陵的財寶藏於何處？他將財寶一直帶在身邊，還是埋在徐公館地下？這一切至今仍是一個難解的謎題。

徐源泉真的得到了慈禧太后的陵墓寶藏了嗎？如果得到了，他會將清東陵的財寶藏於何處？藏在徐公館還是在逃往台灣的時候帶走了？這一切至今仍是一個難解的謎題。

神祕消失的
寶藏之謎

楚
王陵墓寶藏

　　徐州是漢高祖劉邦起家的地方。西漢建立後，劉邦分封諸王，將徐州周圍三十六縣劃為楚國，分給了他的弟弟楚元王劉交，史稱楚王。此後共延續了十二代楚國，他們死後都葬在環繞徐州的山丘之中。

　　原來人們並不知道漢朝的皇陵群建在徐州的獅子山裡。自從推土機在獅子山的西部取土時偶然地鏟出一批兵馬俑後，獅子山才引起考古學家的重視。這樣規模宏大的兵馬俑為何葬在這裡？從已經發現的咸陽兵馬俑和臨潼秦始皇兵馬俑來看，這裡一定是漢代某個王陵的陪葬物。

　　於是，考古學家們開始尋找，目光漸漸地集中在這座狀如臥獅的山丘上。他們草擬了各種有關陵墓形狀的模擬圖，利用各種儀器進行探測，還請來了地質勘察隊鑽孔探究，然而卻一無所獲。

　　有一次考古人員徵用了一戶民房，打下的探溝距楚王墓的外墓道僅10米之遠，就此失之交臂。考古隊員在山丘上又尋找了六年，但是一無所獲。一天，考古學家王愷在獅子山村裡與老人閒聊，老人說，他家祖輩挖過一些非常深的大地窖，其中最大的一個地窖能放幾噸紅薯。這句話引起了王愷的懷疑，獅子山上都是石頭，怎麼可能挖出這麼大的地窖？老人所說的「地窖」會不會是古代皇陵的墓穴呢？地窖

成了尋找楚王陵的重要線索。

　　考古隊員在老人已廢棄的地窖裡開始了尋找歷史的遺蹟，當探溝挖到地下3米時，發現了外墓道上人工開鑿的痕跡，它距離陪葬的兵馬俑只有500米遠。

　　楚王陵是一座坐北朝南的陵墓，規模宏大，掏空了半座獅子山。陵墓採用的是漢代流行的橫穴巖洞式，卻又開鑿了一個巨大的正方形天井，已發現的漢墓中從未有過這種構造，人們用鏟車、吊車清理天井中的夯土和填石，就用了三個多月時間。專家們推測，這座規模宏大的楚王墓至少要花二十年才能完工。據史料記載，古代皇帝與王侯從即位起，就開始為自己造墓，並且把每年從府庫中挑選的財寶放進墓裡，才能死後也陪伴他榮華富貴。這座天井就像奢華而美麗的大廳，一條高11米，長117米的墓道穿過天井通向山體深處。

　　此時，考古工作者都異常緊張，因為在這之前，他們開掘過八位楚王的陵寢。這些陵寢已經被盜掘過不止一次，他們不敢想像面前這座陵墓裡會什麼樣？一座寶庫，還是一座空陵？或者已經被盜墓賊破壞的慘不忍睹？

　　發掘之初，考古人員在天井中部的填土中找到了一個盜洞，它斜向西北方向，直通向石門。盜洞外口小，僅能容身，裡面的直徑卻達到9米多。內墓道是由四塊一組，共四組石板嚴密地堵著，在一組石板上，可以清楚地看出當時盜墓人在一組石板上鑿成「牛鼻扣」，穿了繩子將每塊重6噸的石板硬拉出墓道，這種全憑人力的作為令現代人難以想像。盜墓賊走時，也不是倉皇逃走，而是將盜洞的洞口填

上、堵住。一般被盜過的墓葬裡總會留下點痕跡，可是這裡竟一點也沒有。考古隊員們帶著照明燈爬進了墓道。當他們爬到墓穴深處，景象實在令人難以忘懷。

楚王安眠的王槨長2.8米、寬1.4米，上面鑲嵌著1600多塊玉片拼合成的各種圖案、空白部位繪著漢代漆畫，已經被盜墓者砸開，裹著金縷玉衣的楚王已失去昔日的威風，被盜墓者毫無顧忌地拉了出來，剝下金縷玉衣，七孔中塞著的金玉和身上佩著的金印全都被拿走。

在古代，只有君王才配裝金縷玉衣。據說它可以使屍體不腐、靈魂不滅，是能讓人「永垂不朽」的葬衣。陵墓裡的楚王也穿了一件金縷玉衣，但是已經被盜墓賊剝了下來，盜墓賊只拿走了衣服上的金銀，卻沒有動那些質地上乘、工藝精緻的玉璜、玉璧、玉牙沖和玉龍，經清查共有二百多件完整的玉器，這些東西任意拿出一件都是國寶。

盜墓者為什麼只拿走金縷玉衣上的金銀，卻不拿這些更值錢的玉器呢？

漢代的時候，對使用玉器有嚴格的等級規定，普通人沒有名貴的玉器，如果誰有，就等於告訴別人這些東西來歷不明，不是偷來的就是盜來的，會招來殺身之禍。正因如此，墓中的這些玉器才被完整保存下來。一件「絕品」的金縷玉衣，從此金玉分家。

值得慶幸的是，盜墓者僅在主墓室內進行了破壞，主墓室外的三間耳室沒有被盜，在這幾間耳室裡留下了可觀的文物。如果當年盜墓者再往深挖幾厘米，那麼耳室也會被掃蕩一空。

獅子山楚王陵是中國規模最大的墓葬之一，它集中出土文物1500多件，對研究漢代文化有著重要的作用。楚王墓的發掘像許多遺蹟一樣，打開古墓只是窺視了歷史的一角，有待考古學家和歷史學家去研究探索其中的奧祕。

　　陵墓採用的是漢代流行的橫穴巖洞式，卻又開鑿了一個巨大的正方形天井，已發現的漢墓中從未有過這種構造，那麼楚元王劉交為什麼要採取這種獨特的修建陵墓的方式？他這種建築方式又是從哪裡學來的呢？

　　盜墓人是怎樣把每塊重6噸的石板拉出墓道的？這種全憑人力的作為令現代人難以想像。盜墓人走後，為什麼不倉皇逃走，而又將盜洞的洞口填上、堵住。一般被盜過的墓葬裡總會留下點痕跡，可是這裡竟一點痕跡也沒有。

亞歷山大陵墓寶藏

　　1964年的一天，埃及亞歷山大市的報紙發表了一則聳人聽聞的消息：「馬其頓國王亞歷山大的陵墓找到了！」消息很快傳遍了全世界。各國記者也爭先恐後地飛抵埃及。同時，大批旅遊者的湧進使得埃及警方處於戒備狀態。可惜，消息是假的。原來發現的並不是亞歷山大的陵墓，而是古羅馬時期的一座劇院的遺址。

　　亞歷山大是一位赫赫有名的英雄，同時也是一位神祕人物，有關他的傳說數不勝數。

　　亞歷山大大帝是古代馬其頓國王腓力二世的兒子。他於公元前336年即位後，大舉侵略東方。用了十多年的時間，就建立起版圖廣闊的亞歷山大帝國。

　　令人感到遺憾的是，這樣一位偉大的英雄，他生前的一些歷史記載卻沒有流傳下來，而後來的一些傳抄本及書籍又眾說紛紜，矛盾重重，而且帶有濃厚的傳奇色彩。因此，在他死後二千三百多年的今天，這位古代偉大統帥的業績仍令人們十分關注。人們迫切希望發現這位不可一世的帝王的陵墓。以求從出土文物中獲得一些有價值的歷史證據。這位著名歷史人物的陵墓究竟建在什麼地方？

　　亞歷山大當了十二年又八個月的國王，死時才32歲。關於亞歷山大的死因一直有兩種說法。第一種說法是亞歷山大可能是由於行軍路

上過於艱辛，多次作戰，遍體傷痕，在沼澤地裡又感染上了瘧疾等原因造成的。第二種說法是有人在亞歷山大的酒杯裡下了毒。如果這種說法是真的，那麼亞歷山大就不是自然死亡，而是死於陰謀。

亞歷山大死後，他的部下後來成為埃及王的托勒密將軍，用靈車把他的遺體運往埃及，安葬在亞歷山大城，並為他建造了一座富麗堂皇的陵墓。凱撒大帝、奧古斯丁皇帝、卡拉卡爾皇帝等歷史上的著名人物都曾到此陵墓朝拜過，還在亞歷山大的塑像頭上加上一頂金冠。可是到了公元3世紀，有關陵墓之事，不知為什麼無聲無息了。後來阿拉伯大軍攻佔亞歷山大城，這裡的輝煌歷史古蹟使他們感歎不已。當法蘭西拿破崙的軍隊進入亞歷山大城時，這裡已呈衰落景象，城中只有六千居民。跟隨拿破崙的一些學者還看見不少古建築遺址的廢墟。

19世紀初，這裡開始修建海港，古老的建築遺址成了採石場，有許多遺蹟被深埋地下。亞歷山大城很快成為地中海上一個重要的貿易中心，可是歷史古蹟卻蕩然無存了。

考古學家對亞歷山大陵墓作出過種種推測，其中英國考古學家維斯的猜測最有可能接近真相。維斯認為亞歷山大陵墓應該與托勒密王朝的陵墓相似。他想像亞歷山大的棺木是安放在一座宏偉的廟宇裡，周圍是一些圓柱，墓裡一定有許多稀奇精美之物。墓內還可能保存著從埃及各處廟宇送來的經書。20世紀70年代，一個驚人的發現大致上證實了這些猜想。專門研究古代馬其頓歷史的考古學家安得羅尼克斯發現了亞歷山大的父親——腓力二世的陵墓。陵墓大殿中央停放著高

大的大理石石槨，上面設有鑲著寶石的、沉重的金質瓶狀墓飾。

國王的遺骨就在其中，周圍是一些珠寶金器。三權標誌、戰盔等物閃耀著璀璨的光芒。其中有五個用象牙雕刻的雕像，製作得相當精美，特別引人注目。這五個雕像是國王的一家：腓力二世本人、他的妻子、他的兒子亞歷山大和腓力二世的父母。這個發現在考古界引起了轟動，被認為是20世紀考古中最偉大的發現。

驚喜之餘，人們不禁會問：腓力二世國王的陵墓都能找到，難道他兒子的陵墓就不能找到嗎？可是亞歷山大陵墓的確神祕莫測，一直沒有任何線索。人們期待著盡快解開這個陵墓之謎。

這位著名歷史人物的陵墓究竟建在什麼地方？

亞歷山大陵墓裡究竟會多少稀奇精美之物，墓內可能保存著從埃及各處廟宇送來的經書嗎？

三
星堆地下寶藏

「三星堆文化」遺址坐落在中國四川廣漢。它是被稱為世界「第八大奇蹟」的秦始皇陵兵馬俑以後的「世界第九大奇蹟」。這一古老的文化遺址，歷年來為中外人士普遍矚目。

美國著名富豪比爾·蓋茲的母親倪密女士，對三星堆奇蹟非常感興趣。在她任西雅圖藝術博物館館長期間，出於對歷史古蹟文明的特殊愛好，她連續六年向中國提出申請，最後終於得到中國政府的允許，2001年在她主持的西雅圖博物館裡，舉辦了《千古遺物——中國四川古代文物精品展》盛會，在美國展出了三星堆青銅神樹等珍貴文物。

當三星堆文物在西雅圖展出時，館內人滿為患，轟動一時。美國報紙認為這是「世界上獨一無二、最引人注目的文物精品展覽」，是「中美兩國文化交流史上的大事」。倪密等一批美國文物專家，甚至提倡將2001年這一年定為「中國年」。

為什麼「三星堆文化」在世界上能引起這麼大轟動呢？因為它的確是中外考古歷史上的一個奇蹟。

這麼偉大的歷史奇蹟是怎樣被發現的呢？

1929年，在三星堆北邊的月亮灣，有一戶姓燕的農民在掏水坑安放水車時，偶然挖出了一大堆古玉器，有各種形式的璧、璋等達四百

餘件。這些被當時古董商們號稱「廣漢玉器」的文物很快引起了考古界的注意。

20世紀30年代，當時華麗西大學博物館的美籍教授葛維漢決定組織一支八十多人的考古隊和武裝士兵，去月亮灣進行考古挖掘，在那裡又挖出了遠古石器、陶器和綠松石等六百餘件。新中國成立後，四川大學考古學教授馮漢驥先生，曾先後率領考古人員在月亮灣進行了幾次發掘。馮教授對在月亮灣對面的三星堆發表預見：「這一帶遺址如此密集，很可能是古代蜀國的一個都城。」

五十年後，一批製磚工人在挖土時，在三星堆發現了一批古陶和古石器，清理出商周時期的房屋地基和古墓葬。具有決定意義的是1986年的考古發掘，這一年考古學者們從仲春開始，一直挖掘到盛夏7月，終於發現了震驚世界的奇蹟：首先在三星堆遺址出土了一根黃金杖，然後又出土了大量黃金面罩、青銅面具和青銅頭像、人像等。考古學家把發現這些寶物的地方命名為三星堆文化遺址一號、二號祭祀坑。

三星堆一號、二號祭祀出土的稀世珍寶，不勝枚舉，這批青銅製品不但做工精巧，而且種類繁多，不僅有人物雕像，還有動植物雕像，都極其生動有趣。此外，還出土了數具黃金面罩，有的是戴在人頭雕像上一起出土的，還有一些象牙、海貝、玉石祭器等貴重文物。以上總數在千件以上。

三星堆的考古發現，證明了四川古代確有悠久的輝煌文化。大量的金、銅工藝品證明當時三星堆古文明進步的程度並不低於中原的西

周文明。

　　三星堆遺址和大批文物的發現，使人們可以瞭解到戰國之前四川地區古史概貌。使長久以來的古蜀朦朧歷史迷霧，逐漸被人們撥開了。三星堆文化勾畫出了古蜀歷史的輪廓。

　　三星堆文化大約可分為四個時期：第一期屬於新石器時期晚期文化，第二期為夏商間的文化，第三期為殷商文化，第四期為商末周初文化。第一期約距今3200年以前。1986年發現的三星堆一、二號祭祀坑的遺址和大批珍稀文物屬於第三期文化。

　　三星堆和四川其他地區已經發現了大量夏商周時期古人生活用具和遺跡，以及那時的城牆、宮殿遺址。根據這些材料，基本上能夠勾畫出古蜀人的社會經濟概貌。

　　從三星堆遺址東、西、南部，發現了巨大的城牆。除城牆外，在三星堆還發現了密集的居民生活區和作坊。從城市或城堡的古祭祀區，生活區出土房址數十處，墓葬多處，生活用品玉石器一百一十多件，陶器七十件和殘陶片十萬多件，雕花漆器千件以上。這些文物，反映出當時三星堆古代居民的較高的生活水平。

　　從出土的金器和青銅像來看，它反映出三星堆文化時代手工業技術已相當高明。無論從人像造型和裝飾的富麗堂皇，都可看出三星堆鑄造技術令人歎為觀止，不低於中原的商周文化和境外同時期的西亞、中亞、北非和古印度的青銅文明。尤其令人驚奇的是，三星堆的青銅器，銅、錫配備已十分科學。

　　古代三星堆人宗教意識很強。考古學家已經判斷在三星堆發現大

量珍稀文物的遺址為當時的「祭祀坑」，即宗教祭祀的場所。出土的青銅器、金器和玉石、陶器群，在性質上都屬於祭祀用的禮器。這說明古蜀的統治者是政治和宗教合一的集權者。

殷商時代的三星堆和古蜀地區，對外經濟文化交流已很發達。三星堆出土的遺物中，有一種海貝，這些海貝遠產於印度洋的深水海域，它在三星堆祭祀坑大量出現，可能是那時古蜀王國和古代東南亞和印度大陸物品交換用的通用貨幣。可見那時三星堆人已經和很遠的地方有貿易來往了。

有一些學者還認為，三星堆出土的青銅像，有一些具有高鼻深目多鬚的中亞、西亞人特徵，而黃金面罩的製作，本發源於古代的兩河流域美索不達米亞平原，伊拉克、埃及和歐洲的邁錫尼，都出土過上古時代的黃金面罩。這些都說明早在商朝，三星堆地區和古蜀國就和上述地區有直接或間接文化交往。

有一種說法還認為：「三星堆曾是世界朝聖中心。」根據在三星堆發現大批印度洋海貝的事實推斷，大量異域祭祀用品會聚三星堆，表明三星堆古代祭祀業相當發達，吸引了世界各地的朝拜者，對外交往、貿易都異常活躍。假如這一觀點被認可的話，「三星堆文化」就更加具有重要的世界意義了。

三星堆遺址及其出土文物的許多重大問題，至今仍是難以破解之謎。三星堆文化來自哪裡？三星堆遺址居民屬於哪個民族？

三星堆青銅器高超的青銅器冶煉技術及青銅文化是如何產生的？

是蜀地獨自產生發展起來的？還是受中原文化、荊楚文化或西亞、東南亞等外來文化影響的產物？

神祕的古蜀國何以產生？持續多久？又何以突然間消亡？是三星堆古文化遺址的又一個謎。

神
祕的墓島寶藏

在南太平洋波納佩島的東南側，復活節島的西側有一個名字叫做泰蒙的小海島，人們稱它為「墓島」。它為什麼被稱為「墓島」呢？

泰蒙島有一處延伸向海裡的珊瑚淺灘，沙灘上面聳立著89座高大雄偉的建築物。這些建築物全都是用巨大的玄武岩石柱縱橫交錯搭起來的，大約有4米那麼高。

人們如果站在遠處望去，它們就好像一座座怪石嶙峋的山峰。人們走近仔細看，它們又好像是一座座神廟。有人說這些建築物是遠古時代人們的墳墓，它們之間環水相隔，形成了一個個的小礁島。所以，人們又把泰蒙島稱為「墓島」。泰蒙島是一個非常小的海島，島上沒有玄武岩石頭，人們建築那些建築物用的玄武岩石頭都是從波納佩島運送過來的。當地人把這些建築物叫做「南馬特爾」，在波納佩島人的語言當中，「南馬特爾」有兩個意思，一個是「眾多集中的家」，另一個是「環繞群島的宙宇」。

泰蒙島上的南馬特爾遺蹟有一半淹沒在海水裡邊。所以，人們只有在海水漲潮的時候，划著小船進去。海水退潮的時候，這些建築物的周圍就會露出一大片特別泥濘的沼澤地，小船根本進不去，人走在上面極其危險。

泰蒙島上的南馬特爾遺蹟處在太平洋當中，與它相關的離奇傳

說，使它蒙上了一層特別的色彩。南馬特爾遺蹟到底是怎麼建造起來的，這是一個難以解開的謎團。南馬特爾遺蹟的那些古代墳墓，從來就沒有一點文字記載。據當地的人們說，關於那些古代墳墓的來歷，都是靠當地酋長一代一代地口頭傳授下來的。

酋長們之間到底傳授的是什麼內容，只有酋長自己和將繼承酋長寶座的人才知道。另外，酋長們在口頭傳授那些古代墳墓來歷的時候，還有一些特別嚴格的規矩，就是絕對不能向外人、哪怕是自己的親屬洩露出去，否則就會遭到詛咒，死神就會降臨到他們的頭上。當地的人們說，這不是嚇唬人的，因為這種可怕的事情確實發生過！

1907年，德國軍隊佔領了波納佩島。後來，有一個名叫伯格的德國人擔任波納佩島第二任總督。據說，這個伯格總督對南馬特爾遺蹟特別感興趣，尤其對埋葬著一個叫伊索克萊酋長的墳墓充滿了好奇，總想把墳墓挖開看一看。

有一天，伯格想盡一切辦法，終於從酋長的嘴裡瞭解了一些關於那座墳墓的情況。於是，他立刻下令挖掘伊索克萊的墳墓。沒想到，詛咒應驗了，死神降臨到了伯格的頭上。在他下令挖掘伊索克萊墳墓還不到一天的時間裡，他就突然死亡了。

19世紀的時候，有一個名叫伯納的德國考古學家聽說了南馬特爾遺蹟的事情以後，也前來發掘文物。結果，死神很快降臨到他的頭上，他也同樣莫名其妙地死亡了。

第二次世界大戰的時候，日本侵略軍佔領了波納佩島。有一個名叫杉浦健一的日本學者，其實他根本不是學者，而是一個名副其實的

侵略者。

　　杉浦健一猜想南馬特爾遺蹟裡面一定有大量的文物，如果把它們弄到手，不僅可以寫出令人驚歎的學術論文，還可以得到數不清的財寶。可是，不瞭解那些古代墳墓的祕密，就沒辦法把它們挖掘開。怎樣才能得到那些古代墳墓的祕密呢？杉浦健一立刻命令幾個士兵去抓酋長。很快酋長被帶到杉浦健一的面前，杉浦健一命令士兵把刺刀對準酋長，威脅他說出古代墳墓的祕密。酋長面對侵略者的刺刀，只好說出古代墳墓的祕密。

　　沒想到幾天以後，晴朗的天空突然亮起一道閃電，隨著又響起了一陣雷聲。酋長正坐在屋裡，突然一道閃電闖進屋裡把他擊斃了。

　　此時，杉浦健一正坐在桌前，整理記錄古代墳墓的祕密，準備將這些祕密整理成書。他剛把記錄整理好了，突然死亡。

　　後來，杉浦健一的一個學生拿著他的那些古代墳墓的記錄，找到了一個名叫泉靖的教授，請他繼續整理出版。奇怪的是，那個泉靖教授不久也突然死亡。以後，再也沒人敢動那些古墓的祕密資料。

　　從此，除了泰蒙島的酋長，任何想得到南馬特爾遺蹟祕密的人，最後都會慘死。那些洩露了南馬特爾遺蹟的酋長，也都同樣死於非命。

　　南馬特爾遺蹟是神祕的，而那些詛咒又更加神祕了。

　　南馬特爾遺蹟是怎樣建造起來的？南馬特爾的那些古代墳墓，究竟有著怎樣的神祕來歷？酋長們之間到底傳授的是什麼內容，墳墓的詛咒真會置人於死地嗎？

李闖王陵墓

闖王究竟死於何時何地，以及因何而死，至今尚無定論。關於闖王的歸宿，數百年來，各種記載和傳說撲朔迷離，人各異詞。有關闖王的死亡地點眾說不一。

但是在眾多說法中，有兩種說法最接近歷史：一是闖王在湖南石門夾山為僧和闖王在湖北通山縣九宮山遇害。二是他逃到石門夾山為僧這一說法。而這兩說法又爭執不休，所以闖王的死亡地點成了一個懸案。

湖南省的石門縣古稱「澧州」。清乾隆年間的《澧州志林》裡，有一篇澧州何璘寫的《李自成傳》，李自成兵敗「獨竄石門之夾山為僧」，法名「奉天玉和尚」。

文中所指夾山即夾山寺，該寺是一座唐代古剎。寺內遺有與上述說法相關的一些碑記塔銘、詩文殘板，以及奉天玉和尚的骨片和包括宮遷玉器在內的許多遺物。寺西南15公里有疑塚崗，崗上有傳為闖王疑塚四十餘座。

何璘曾經到夾山進行考察，見到一位服侍過奉天玉和尚的老和尚，他說，奉天玉是順治初年來寺裡的，並取出奉天玉和尚的畫像。畫像與李自成的模樣非常相似，有人根據李自成曾稱「奉天倡義大元帥」，後又稱「新順王」，斷定「奉天玉」即「奉天王」多一點，是

為隱諱。

1981年，湖南石門夾山發現了李自成所作的《梅花百韻》木刻版，又從奉天玉和尚墓葬中發現骨灰和篆刻《塔銘》。墓葬中，他的弟子野拂所撰碑文及有關文物，都與何嶙寫的文章相印證。據考察，「野拂」就是李過，李過是李自成的親侄兒。由此可見證，被野拂精心侍奉的奉天玉和尚就是李自成。

這種說法的另一個依據是：李自成去當和尚，是被聯明抗清的形勢所迫。當時，李自成領導的大順軍的主要敵人，已不是明代統治者，而是清統治者。抗清已成為當務之急。

當時可以聯合抗清的，只有湖南何騰蛟擁立的唐王朱聿鍵部，但與何騰蛟談判時，何騰蛟提出必須由他指揮部隊作為交換條件。而何騰蛟是唐王的宰臣，李自成則是皇帝，這在情理上是難以接受的。李自成又逼死了崇禎皇帝，害怕唐王不能諒解。

於是，李自成採取假死、隱居的做法，巧妙地迴避了矛盾。讓高氏和李過出面與何騰蛟聯合，一起抗清。另外，有不少帶有傳奇色彩的故事，似乎都可以為「禪隱之說」作佐證。

可是也有人斷定，「禪隱之說」純屬子虛烏有。李自成根本沒有出家，奉天玉和尚絕不會是李自成。經查證，奉天玉和尚確有其人，在《塔銘》裡，有一篇李自成的銘記，而《塔銘》的作者劉萱是明朝遺臣，他是忠於大明朝的，怎能為農民領袖李自成寫銘記呢？這是無法理解的。

1982年冬湖南慈利縣新發現的《野拂墓碑》中，「久恨權閹」、

「也逐寇林」、「方期恢復中原」等詞句，也表明野拂是痛恨宦官的明朝武官。而野拂對奉天玉和尚「事之甚謹」說明他們之間關係的密切，也說明奉天玉也是明朝遺臣。

據查，奉天玉乃是順治年間從四川到石門縣夾山寺的雲遊和尚，他初到夾山，見古剎破敗，便拋頭露面、沿門托缽，求乞多方支持，修復寺廟，如果是李自成來「逃禪隱居」，怎能如此不懂得保密！

另一種比較普遍的說法認為，湖北省東南部的通山縣九宮山才是真正的李闖王歸天處。九宮山以西數十里的牛跡嶺，是真闖王的墓地。這裡的闖王墓新中國成立後國家多次維修，並有新建的拱橋、層台、陳列館等附屬建築，墓後建有「下馬亭」，附近還有「落印蕩」、「激戰坡」等遺址。

關於李自成之死，《清世祖實錄》載：「被俘賊兵全優言，自成竄走時，攜隨身步卒二十人，為村民所困，不能脫，遂自縊死。因遣素識自成者，往認其屍，屍朽莫辨。」

還有的記載說，清順治2年5月初2（公元1645年5月26日），李自成東征途中轉戰江南，為清軍所挫，折向湖北，兵敗單騎脫逃於至此，曾於黃土洞中藏躲，後誤入葫蘆套，被程九伯手下的寨勇包圍，死於銃統之下。

湖南大學者王夫之所撰《永歷實錄》也記載：「5月，自成至九宮山，食絕，自率輕騎野掠，為土人所殺。」這裡的「土人」即指程九伯等。程九伯曾因此向清廷請功並獲得獎賞。

後來程的後人還變賣了李自成的寶劍、馬鞍、馬鐙等遺物。如今

九宮山闖王陵的馬鐙遺物形制特殊，並刻有永昌年號，可以確認是闖王的遺物。程九伯等殺害李自成之事，在《程氏家譜》、高湖《朱氏宗譜》和顧炎武《明季實錄》中也有記載。

此外，史料中還有一絲「蛛絲馬跡」可以證明李自成確死無疑。在《湖北巡按馬兆奎揭帖》、《荊州總兵鄭四維揭帖》材料中，明確指出1645年「闖逆已除」，大順軍餘部立李自成之弟為「主」。如果李自成未死，另立新主便不可能。

闖王究竟死於何時何地，以及因何而死，至今尚無定論。他的陵墓究竟安葬在哪裡？他的陵墓裡是否隨葬著大量的財寶和文物？

古城
寶藏之謎

Chapter 5

樓
蘭古國寶藏

　　1980年，考古學家在距孔雀河數里的地方，發現了三千八百年前「樓蘭王國」的神祕墓葬。

　　在這一墓葬群中，考古隊員發現了一具保存完好的女性木乃伊。從木乃伊的表相中可以看出她生前是一個典型的新疆美女，面目清秀，深目微閉，被考古學家譽為「樓蘭美女」。

　　樓蘭美女的穿著也傳遞著古樓蘭國的各種訊息。她頭戴麻布防風斗篷連衣帽，下頜前有線帶橫穿，如此跡象可以推測，羅布泊在四千年前就已經乾旱多沙。人們選用麻棉混紡衣料是要既考慮防風沙侵入，又要透氣防止出汗，這與樓蘭美女出土時的外部特徵不謀而合。

　　那麼，她的祖先是何時遷來的？又是從什麼地方遷來的？她所在的種族是白種人還是黃白混血？千年古國，謎團重重，至今也沒有人能夠得到其中答案。

　　樓蘭是漢唐時期最繁榮的古國。它一直是內地通往西域的重要交通樞紐，但是令人疑惑的是，對於古國的消失，歷史上竟然沒有任何文獻記載。

　　多少年來，樓蘭古國的神祕消失引起了世人的注意，這個埋藏著大量金銀財寶的古國成為無數尋寶人心目中的聖地，很多尋寶人冒著風沙，進入塔克拉瑪干沙漠。

最先在樓蘭尋到寶藏的人是瑞典探險家斯文‧赫定。

1895年，斯文‧赫定沿克里雅河穿越塔克拉瑪干沙漠，到達羅布泊地區，初步摸清了在塔克拉瑪干沙漠深處的古代遺址的大致情況。四年後，斯文‧赫定再次來到塔克拉瑪干，並向塔克拉瑪干東端的羅布泊沙漠前進，就是在這次探險過程中，讓樓蘭古城重現世界。

1900年2月的一天，赫定一行人抵達羅布泊北岸後，打算掘井取水時，突然發現鐵鏟不見了，他派隨同的嚮導沿原路尋找。此時已近傍晚，嚮導找到鐵鏟後連夜返回，不料路上遇到狂風，他無法前進。等沙暴過後，在他眼前突然出現了高大的泥塔和許多房屋，一座古城奇蹟般地顯露出它的面容。

第二年，斯文‧赫定正式挖掘這座古城。隨著發掘的不斷展開，大批珍貴的漢文、木簡、紙文書和一些粟特文書以及精美絕倫的絲毛織品，別具風格的木雕飾件開始出現，這些文物讓赫定成了一名富翁。

隨著挖掘的深入，一幅完整的樓蘭古城藍圖逐漸出現在人們的視野，古城中的官署、寺廟、僧捨、望塔、馬棚和街市都漸漸清晰起來。在古城附近，能清楚地看到一條東西走向的官道，斯文‧赫定斷定是張騫、班超路經的古絲綢之路。

斯文‧赫定回國後，把他挖掘的文物交給德國的希姆萊進行鑑定。希姆萊最後斷定，這座古城就是赫赫有名的古國樓蘭，因此震驚了整個世界。消失傳開之後，馬上就有第二批尋寶者進入塔克拉瑪干沙漠。

神祕消失的
寶藏之謎

英籍匈牙利人奧利爾・斯坦因，帶著五十多名雇工，租用了當時能找到的所有駱駝隊，開始了他的中亞考察。斯坦因找到了樓蘭的遺址，第二天開始挖掘。

　　斯坦因指揮助手們在古城夜以繼日地挖掘了十多天，獲得了大批文書、簡牘。在城裡還發掘了大量的貨幣，漢代的絲織品、絹綢，也有波斯的壁畫，甚至希臘、羅馬以雅典娜為圖案的工藝品；還有各國的陶器和漆器。這一切都顯示了樓蘭在中西方交通、文化交流及商貿上無與倫比的重要地位。

　　但發掘進入最後幾日時，處境逐漸艱難起來。雇工連續患病，缺乏飲水，斯坦因被迫離開這裡，向敦煌前進。1907年新年，斯坦因發現了古樓蘭國的首都米蘭古城。

　　在米蘭古城，斯坦因發現了很多稀世珍寶，使斯坦因富甲天下。然而，他做夢也沒想到，更大的發現很快就出現了。一天，他來到一座大佛寺，在佛寺長方形的基座走廊上，他發現了一個呈穹形頂的圓形建築。經過確認，這些珍貴的繪畫是與尼雅同時期的繪畫作品。

　　斯坦因原計劃在米蘭挖掘四五天，但實際上，卻挖掘了十八天，盜走了大量的文物。最後，他驅趕著裝載著大量米蘭文物的駱駝隊離開了。

　　六年後，斯坦因再次來到米蘭，在米蘭遺址清理了一段時間後，斯坦因將工作重點轉移到距米蘭遺址四英里的一處孤立的台地上。在那裡，他找到了一批古代墓葬。各種隨葬器皿及絲織物，令斯坦因眼花繚亂：花紋繁雜的各種絲、毛織物和銅鏡、漢文文書等，清楚地表

明是屬於漢代的遺物。織有「韓仁繡」字樣的漢代織錦，色彩斑斕，艷麗如新，毛織物的風格明確無誤地表明了中西方的交往標誌。

那些簡牘、絲、毛織物品以及工藝品，有著上千年的歷史，每一件都是價值連城的寶物。而樓蘭又是一個盛產玉的國家，古城內埋藏了大量的玉器。斯坦因的發現使他成了世界知名的大富翁。

樓蘭是漢唐時期最繁榮的古國。它一直是內地通往西域的重要交通樞紐，但是令人疑惑的是，對於古國的消失，歷史上為什麼沒有任何文獻記載？樓蘭古國瞬間消失的原因是什麼？

專家們對此作出種種猜測：地質學家認為，樓蘭古國消失的原因是羅布泊湖的遷徙。羅布泊是一個變化無常的湖泊，被稱為「會遷徙的湖泊」。古代，羅布泊就在樓蘭古國北部，羅布泊湖是樓蘭古國人們的水源，後來，隨著羅布泊的遷移，樓蘭古國水源枯竭，植物死亡，最終導致氣候惡劣，樓蘭人只好棄國離開故土，古國就這樣在歷史上消失了。

歷史學家認為，古樓蘭的衰亡與社會人文因素緊密相連。樓蘭古國消失於東晉十六國時期，這時正是中國歷史上政治局勢最混亂的時期，北方許多民族自立為藩，相互戰爭。而樓蘭正是軍事要道，成為兵家必爭之地。頻繁的戰爭、掠奪性的洗劫破壞了樓蘭的植被和交通，最終成為一座廢棄的城市。

另一種說法認為，樓蘭的消失與絲綢之路北道的開闢有關。經過伊吾、吐魯番的絲綢之路北道開通後，經過樓蘭沙漠裡的絲綢之路就

被廢棄了，樓蘭也隨之失去了往日的輝煌。

此外，還有一些學者認為樓蘭毀於瘟疫疾病。據推測，有可能是一場外地傳來的瘟疫，奪走了樓蘭古國內絕大部分人們的生命，僥倖存活的人紛紛逃走。

還有一種更為離奇的說法，認為樓蘭是被生物入侵打敗。這種生物是從兩河流域傳入的螻蛄昆蟲，牠們生活在樓蘭地區的白膏泥土中，成群結隊地進入居民住處，人們無法消滅牠們，只得棄城而去。

但是，以上說法都是現代人作出的猜測，沒有相應的史實為證。為了解開樓蘭古國的謎團，越來越多的尋寶人和考古學家走進了塔克拉瑪干，試圖尋找那些埋藏在古城中，不可預知的財富和揭開那些千年的謎團。

特
洛伊古城寶藏

施里曼是德國商界的百萬富翁，但是他卻突然宣佈退出商界，去發掘傳説中的一座古城。商人最看重利益，可是施里曼為什麼會對一座傳説中的古城感興趣呢？

施里曼7歲的時候，父親送給他一本《世界史圖畫》，他在書中看到一幅特洛伊古城被希臘聯軍攻陷後焚城的插圖，它引起施里曼的強烈興趣，他從此對描寫特洛伊戰爭的荷馬史詩產生了濃厚的興趣，他發誓一定要找到這座古城。

1840年4月，施里曼開始尋找湮沒兩千多年的特洛伊城。他從土耳其官方領到了發掘的許可證，開始在希沙里克山發掘湮沒的特洛伊城，斷斷續續挖掘了四年，連一塊金子都沒找到。

施里曼並沒有灰心，他在希沙里克山南部開始大規模的挖掘，發現了一座規模很小的城市，施里曼認為這不可能是荷馬史詩中雄偉壯觀的特洛伊古城。但是轉念一想：荷馬畢竟是位詩人，他描述事物一定會運用誇張的手法。

挖掘工作又持續了三個月。一天中午，施里曼和妻子站在被挖掘出來的小城市圍牆外。

突然，他看到在焚燒過的紅褐色廢物層下面，埋藏著一件很大的青銅器，它上面是一堵牆。

施里曼走近一看，發現在青銅器後面，還有閃閃發光的東西，似乎是金子。施里曼告訴妻子索菲婭，馬上讓工人們收工。

工人們離開後，施里曼蹲在牆下，用刀子在青銅器的周圍挖掘。突然，土裡閃爍出象牙的光澤和金子的光芒，施里曼把手伸進土裡，把一件件金銀財寶取了出來，放在索菲婭鋪在地上的紅披肩中。

在這批財寶中，最珍貴的是兩頂華麗的金冕。

大的那頂由16353塊金片組成，還有一串精緻的項鏈，可以圍繞在佩戴者頭上，並且懸吊著74根短的、16根長的鏈子，每根以心形的金片組成，短鏈子上的流蘇垂在佩戴者的額前，長鏈子下垂到佩戴者的雙肩，讓佩戴者的臉完全鑲嵌在黃金之中。

小的那頂跟大的類似，但是鏈子吊在金葉帶上，側邊的鏈子較短，只能遮蓋上雙鬢。

兩頂金冕的製作技藝精美絕倫。還有六只金鐲、一只重601克的高腳金盃、一只高腳琥珀金盃、一件大的銀製器皿，內裝有六十只金耳環、八千七百只小金盃。還有穿孔的稜鏡、金扣子、穿孔小金條和其他小件飾物，以及銀花瓶、銅花瓶和青銅武器。

施里曼至死也沒有懷疑過這些珍寶不是特洛伊王普里阿蒙的財產。既然這是特洛伊城，這是斯卡安城門，這是普里阿蒙的宮殿，那麼，它們當然是荷馬筆下的特洛伊城的寶藏。

沒有任何東西能夠使施里曼動搖。他確信，他手裡的這些飾物的主人就是使特洛伊城毀於一旦的海倫，可惜他的結論是錯誤的。

施里曼逝世三年後，他的論斷就被推翻了。這些財寶的真正主人屬於比普里阿蒙早一千年的一位國王。

　　儘管施里曼的判斷是錯誤的，但是後人在他的發現基礎上，終於挖掘出荷馬筆下的特洛伊城。

水
下古城寶藏

　　神祕的撫仙湖像一個神話裡的魔瓶，只要它稍稍地傾斜，只露出一部分的祕密：湖中飛騰的海馬、神祕的光盤、水下木乃伊，就足以讓世人瞠目結舌。可是最讓人驚奇的，撫仙湖底竟然隱藏著神祕消失的古滇國。千古傳說迷霧重重，神祕古城如何葬身水底？古城中到底埋藏著多少寶藏？成為無數尋寶者覬覦的目標。

　　目前對撫仙湖的考察還不深入，所以撫仙湖到底有多少寶藏無從得知。但從撫仙湖西側一個普普通通的小山包，就可猜想撫仙湖水下古城的巨大財富，這個小山包就是李家山。

　　對居住在撫仙湖附近的居民來說，李家山可是個神祕的地方。在撫仙湖一帶，只要有雷雨天氣，李家山肯定會遭到雷擊。這是什麼原因呢？為什麼偏偏李家山頻頻遭到雷擊呢？人們推測，李家山埋藏著大量金屬物質，這些金屬將雷電從空中引了下來。

　　經過專家考察，果然在李家山一帶發現了很多戰國末期至東漢初期的古墓，從中出土的青銅器多達五千多件。李家山古墓的青銅器做工精細，上面還繪有很多人物和場景，生動地反映出了當時的社會風貌。這些青銅器價值連城，其中一件牛虎銅案在赴美國巡展中，保險金額就高達一千萬美元。

　　李家山是撫仙湖水底古城的墓葬地，古墓青銅器的出現，證明

了撫仙湖水底古城的身份非同一般。青銅器在中國古代是一種十分珍貴的器物，只有達官貴人們才可以以青銅器陪葬。在戰國至東漢的四五百年間，無數的青銅器隨同達官貴人一同深埋在李家山一帶，說明在戰國至東漢這段時期，撫仙湖水底的古城曾經是繁華，盛極一時的城市，由此可見，埋藏在古城裡的寶藏是人們無法想像的。

撫仙湖是雲南省第三大湖，很久以前，撫仙湖畔就流傳著水下古城的故事。相傳撫仙湖原本是一個很大的壩子，壩子裡有一個繁華的城池。一天，一場大水淹沒了壩子，熱鬧非凡的城池就在這場災難中沉入水底。據傳人們在湖上行船，風平浪靜時還能看到城牆。

在撫仙湖北岸，有一個叫鎮海營的村子，他們村名的由來和神祕古城密切相關。據村民說，澄江縣縣城原不叫澄江，最早叫河陽縣，那時的河陽縣也並沒有撫仙湖。一天，河陽縣突然來了一個瘋道士，走到縣府衙門時，突然看見衙門前有一對大石獅子，張口就說「獅子眼睛紅，說說水晶宮」，隨即又滿大街喊叫起來。一個瘋道士的話，誰會把他放在心上。

事過不久，果然石獅子的眼睛發紅了，結果整個河陽縣城開始向下陷沉，沖天的大水平地而起，淹沒了街道和房屋，人們四處逃難。有一家老倆口，無兒無女，家裡很窮，只養著一頭豬。老倆口逃跑的時候就拉著豬一齊跑。但是他們跑到哪個地方，水就淹到哪個地方，直到老倆口跑到一個小塘上，實在跑不動了，就說：「淹死也是死，再跑也是活不成，我們就坐在這裡吧！」身後的豬也跟著停下來，奇怪的是，水就在他們身邊停了下來，再也沒有漫過這個小塘，這頭豬

就是傳說中撫仙湖裡的金豬。

後來老倆口停下來的小塘就成了現在的鎮海營。原來的那個古城就這樣永遠沉睡在水底了。

傳說中沉入水底的這個古城在歷史上真的存在過嗎？科學家經過查找史料發現，那些長久以來流傳在撫仙湖畔的故事，竟然神奇地與史實相符合。

1992年，科學家在雲南澄江撫仙湖邊發現了大量水下人工建築的遺蹟。考察隊先後三十多次潛入湖底，對撫仙湖探險拍攝錄像。經他們考察，這一水下建築群位於撫仙湖東北岸，距湖岸2、3米，面積有7、8百平方米，距水面最淺處有56米，最深處約25米，長約150米，高有89米。

一時間，世界都知道中國澄江有個撫仙湖，湖底有個神祕的古城。隨後，又有一些考古學家再次深入湖底探查，目前已經探明的古城遺蹟面積已達2.4平方公里，主要建築共有八個，其中有兩個高大階梯狀建築十分宏偉。一個階梯狀建築分三層，底部寬60米，第二層寬32米，頂層寬18米，整個建築高為16米，從聲納掃瞄圖上可以看出，它的台階非常整齊對稱。另一座階梯狀建築氣勢恢弘，它上下分五層，第一層底部寬63米，第二層寬48米，第三四層倒塌比較嚴重無法仔細測量，第五層寬27米，整個建築高21米，類似於美洲瑪雅人的金字塔。在每一層大的台階之間都有小台階相連，其中第一級大台階從底部有一條筆直的小台階直通而上。兩座階梯建築中間還有一條長300多米，寬5 7米的石板路面，用不同形狀的石板鋪成。在石板上還

有各種各樣的幾何圖案。

在另外一片區域裡還有一座圓形建築，底部直徑為37米，南面偏高，依稀可以辨別出台階。這座圓形建築北面倒塌嚴重，東北面有個缺口，形狀與古羅馬的鬥獸場十分相似。更為奇特的是，在雲南晉寧石寨山曾出土大量古滇國時期的青銅器，在這些青銅圓形飾品上，有很多環形台階式建築圖案，幾乎與撫仙湖水底發現的圓形建築形式一模一樣。青銅器上的環形台階式建築分上下兩層，第一層有十餘人，第二層有三、四人，坐在台階上觀看鬥牛或者其他表演。因此專家認為，這個水下圓形建築就是青銅環上的圖案描繪的原型。

那麼，這座古城到底是歷史上的哪個城市呢？

水下古城建築與古滇國青銅器銅環圖案的驚人相似，引發了人們對古城身份的猜測。這座水下古城，難道就是那個興盛了五百多年的神祕古滇國？

目前對古滇國的考古，只是發現墓葬和文物出土，沒有發現古滇國任何生活建築遺蹟，於是有人猜測，撫仙湖水下古城就是古滇國時期的繁華城池。

撫仙湖水位低的地方，會露出石板，在石板上，人們可以看到直徑為8～15厘米的孔洞，形狀酷似馬蹄印。在水下建築上也有很多類似的孔洞，有些內部邊緣還有石釘，這些圓孔插上木樁，再用繩子連接起來，會形成一個規則的長方形。

考古學家透過研究古滇國的青銅器圖案，發現古滇人的建築主要是以桿欄式建築為主，這種桿欄式建築就是先用竹木搭成房架，底層

懸空，再修牆而形成的建築。湖底建築與青銅器圖案的驚人吻合，説明了撫仙湖水下古城一定與古滇文明有著直接的聯繫。

這座古城到底是歷史上的哪座城市？在雲南澄江縣歷史上，有史可查的有三個城市，其中最早的是俞元古城。

公元前106年，西漢王朝就在這裡設立了俞元縣，但俞元古城在地球上卻神祕的消失了。即使俞元建制變更地名，也應有所記載，但南北朝後俞元古城訊息中斷。俞元城到底哪裡去了呢？這座水下古城會不會就是俞元古城呢？

首先需要考證的就是俞元古城的地理位置，歷史上的古城是在撫仙湖地區嗎？《漢書·地理志》記載：「俞元，池在南，橋水所出……」「橋水上承俞元之南池，縣治龍池洲，週47里。」可見，俞元縣境就在現澄江、江川、紅塔、石林（路南）等縣區，是一個十分廣闊、強大的縣城。那麼這個俞元古城應該也是一個相當繁華的城池。但這個城池在什麼地方？為什麼至今沒有發現它的任何遺蹟？於是很多人認為，撫仙湖底的古城就是那個神祕的俞元古城。

也有人認為，撫仙湖底的古城是古滇國時期的某個大城市。持這種觀點的人認為，古滇王在公元前279年在雲南建立古滇國，當時在撫仙湖周圍存在一些小國家，而撫仙湖下的古城很可能就是那些小國的城池。還有人認為撫仙湖水下古城最初是古滇王離宮。關於水底古城的身份至今仍沒有定論，只給人們留下了一團難以捉摸的迷霧。

歷史上的撫仙湖地區經常發生「沉湖事件」，那個神祕的古城或許就是眾多沉湖事件的一件。

當地《江川縣志》記載，撫仙湖中原有大小兩孤山，兩座孤山之間有一條鐵橋，呈彩虹的形狀，因而得名虹橋。可突然有一天「風雨交作，橋與小孤山失所在，大孤山獨存。」

這「風雨」難道就是地震嗎？但查看《江川志書》，書中對於當地的地震記載十分詳細，僅撫仙湖地區就記載了兩次，所用的詞都是「地震」。如「明洪武十年，江川地震，明星灣子溝有獨家村，因地震陷落入湖。」

還有一則記載，「清乾隆十七年江川地震，秦家山撫仙湖湖邊田地蕩入湖中者甚多，而最多者二十三戶。」

可見，使小孤山沉入水底的「風雨」並非地震，那這「風雨」到底是什麼呢？

民國《江川縣志》卷二十五裡還有這樣一段記載：「撫仙湖濱有村曰馮家灣，其村關聖宮門首原有石埂一路，所以防波浪之淘田禾。民國13年4月12日午時，石埂間忽響，聲大震，衝出黃煙一堵，向湖之東南而去。農人群往視之，石埂連田陷於湖內，旁邊陷成大坑。」

民國《江川縣志》的編寫時間為民國21年至民國23年，可見編寫時間與事情發生時間相距不到十年，所以事件的地點、情節都記載得十分詳細。

撫仙湖地區的沉湖事件是如此難以捉摸，尤其是撫仙湖古城的沉湖原因，更是難以解答。由於年代久遠，人們只能做出種種猜想，卻沒有辦法加以解答。目前比較盛行的說法是一場突如其來的「地震」，中國著名建築學家楊鴻勳也認為，俞元古城是因地震沉入湖底

的。

　　經地質、地震學家的研究結果證明，青藏高原的東南邊界是一條地震、滑坡等地質災難比較嚴重的分佈帶，被稱為小江斷裂帶。它在雲南境內全長400公里，成南北向分佈，撫仙湖就處在小江斷裂帶上，成為高原斷層溶蝕湖。或許正是地質的不斷變化，把曾經繁盛的城市淹沒在深深的湖水中，留下了一個個難解的傳奇。

　　撫仙湖的水下古城到底是歷史上的哪座城市？它是怎樣沉入水底的？難道真相傳說中的那樣被大水淹沒的？還是因為地震，把這座繁盛的城市淹沒在深深的湖水中？人們對此只能做出種種猜測，沒有人能真正解開一個又一個謎團。

海底的「法老城」寶藏

在古埃及眾多撲朔迷離的奧祕中，有一個謎多年來一直吸引著考古學家和尋寶者，那就是失落的「法老城」。

從遠古時代的文學作品中，曾多次提到在地中海邊有過一個繁華的埃及「法老城」。

希羅多德所著的《歷史》裡，詳細地描述了進入古埃及「法老城」的見聞，如港口伊拉克利翁和城中壯觀的「大力神」廟宇殿堂。

古希臘地理學家們又進一步描述了「法老城」的城市建築和城市居民們富庶的生活，他們都提到了「法老城」裡的伊拉克利翁港口。按史詩中的描述，伊拉克利翁是當時地中海最繁華的港口城市，而「法老城」則是世界上許多宗教的朝聖之地。那裡的人們崇拜天上的星星，常常自稱祖先來自「神祕的天上」，他們的祖先甚至還給他們留下了神祕的「文明」，使他們過著非常文明、富足和安逸的生活。可是這個強盛富足的城市，卻在2500年前神祕地消失了。

令人驚奇的是，在希臘文學作品中從來沒有提起過「法老城」是何時興起的？是由哪個法老建造的？法老城的具體位置在哪裡？居住在這裡的人們究竟從何而來？在希臘的正史和古埃及的正史中，都沒有「法老城」的任何文字記錄。難道這僅僅是古希臘的一個美麗的傳說，一個誘人的童話故事嗎？

從施里曼發掘出特洛伊古城後，人們開始相信希臘的史詩神話傳說並不是神話。同時，也激起了考古學家們探尋「法老城」的強烈欲望。

　　20世紀末，一個由世界頂尖級考古學家組成的考古隊宣佈，經過長達十幾年的努力，他們在埃及北部的亞歷山大港海岸發現了一座城市，可能是「法老城」的遺址。

　　這件驚人的消息馬上成了世界各地的頭號新聞。一時間，埃及的亞歷山大港頓時熱鬧非凡，世界各地的考古學家、歷史學家、尋寶者蜂擁而至。

　　亞歷山大是埃及托勒密時代至6世紀的都城，現在是埃及第二大城市和主要海港。亞歷山大城的建造可追溯到公元前4世紀。公元前332年冬，亞歷山大攻克腓尼基的推羅城之後，進軍佔領了埃及。他在前往西瓦綠洲謁拜阿蒙神廟時，看到了一個名叫拉庫台的小漁村，他發現那裡地勢平坦，交通便利，決定在此修建一座以他的名字命名的城市。後來，這座城市不斷發展擴大，到托勒密一世時已發展為埃及經濟、文化最繁榮的地區，成為整個地中海世界和近東地區最大、最重要的一個國際轉運港。其規模超過迦太基，一度為希臘文化的中心之一。

　　這個由埃及和歐洲學者聯合組成的考古隊宣稱，他們在亞歷山大灣馬木路克要塞附近的一座城堡下，發現了破碎的法羅斯燈塔的殘留物之後，依靠高科技探測設備，他們不僅在岸上繪製出了「法老城」的地形圖，還在水下看到「法老城」那些巨大的石碑上的象形文字。

這個考古隊在亞歷山大港宣佈：失蹤了2500年的埃及「法老城」終於被發現。

當身著潛水服的考古學家潛入海底時，被眼前的景象震懾住了：保持得完完整整的房子，富麗堂皇的廟宇、宮殿、先進的港口設施和描述當年市民生活的巨型雕像，就像一座被時間驟然凝固的城市。巨型雕像展示當年「法老城」的居民過著極盡奢華的生活。還發現了生育女神伊西斯雕像，依據這座雕像，法國的古埃及學家認為，這個法老宮殿應屬於埃及女王克婁巴特拉，因為女王極其崇拜伊西斯女神，並曾要求她的國民稱她為「新伊西斯」。

專家們在海底發現了兩千多具古代雕像和石材，其中有托勒密王朝二世時期製作的獅身人面像的頭部，重達5噸。他們還發現了獅身人面像的底座。底座長3.5米，其側面刻有托勒密王朝二世的稱號。在獅身人面像的胸部也發現了同樣的稱號。據報導，這次在海底發現獅身人面像共有十二座。

考古隊對馬木路克要塞周圍約2.25公頃的海底進行了考察，除發現了獅身人面像外，還發現了其他大量巨型石雕。他們在海底對發現的雕像進行全面檢測後，得知其中的雕像為紅色花崗岩所製，僅身體部分就高達6米重達12噸。據此標準推算，這個雕像原高應為13米。

專家們驚異地發現，像這樣的雕像竟然是一組雕像群。它們呈一字形靜靜地躺在海底，有的雕像僅僅頭部就重達800公斤。因亞歷山大港周圍水污染較嚴重，雕像已受到了相當程度的損害。許多石材上都刻有大量的象形文字和符號，但因歲月和水下的腐蝕，有些文字已

辨認不清。

這次在海底發現的大量石材上都刻有托勒密二世的稱號，那麼托勒密二世是何等人物呢？

托勒密二世是埃及托勒密王朝的第二代國王，托勒密一世之子。公元前332年，亞歷山大大帝決定建造這個城市時，任命他部下的大將、也是他的朋友托勒密駐守埃及。亞歷山大死後，托勒密成為埃及總督，後來稱王。托勒密死後，托勒密二世繼承王位，成為托勒密王朝的國王。在此期間，他擴建了著名的亞歷山大圖書館，大力資助博學院，在博學院不僅研究哲學和文學，而且研究自然科學，使得當時的亞歷山大城不論在文化藝術還是在自然科學方面都處於領先地位。

但真正令所有的考古學家驚奇的是，他們在海底還發現了不少早於托勒密王朝二世的文物。如重達5噸、兩面均刻有法老塞提一世像的巨大石材，從塞提一世在位年代來看，該石材距今已有三千多年歷史，比亞歷山大的法羅斯燈塔要早一千多年。

塞提一世是個大名鼎鼎的埃及法老，他統治埃及時，領導埃及人開採礦藏，挖掘水井，重修廟宇，為埃及的繁榮作出了巨大的貢獻，帶來了埃及歷史上的「復興時期」。因此，他被譽為埃及歷史上最富有的法老。

在這座「法老城」中還發現了古埃及的方尖碑。方尖碑用粉紅色花崗岩雕鑿而成，高1.44米，其尖端為金字塔形狀，是方尖碑中最神聖的部位。方尖碑下半部還用象形文字刻有埃及法老塞提一世的名號和他統治埃及十九王朝守護神的形象。有關專家肯定，這件文物應該

有三千多年的歷史。埃及考古權威阿里·賈巴拉興奮地說：「這是海洋考古史上最偉大的發現。古埃及的神祕從地上到海中，實在太豐富了。」

「法老城」是誰建造的？目前有幾種不同的說法。

有人認為，水下發現的眾多石像都刻有托勒密二世的稱號，因此這座城市應是托勒密二世建造的，建造的時間應在公元前3世紀初。有人根據伊西斯女神像的發現，認為是埃及女王克婁巴特拉所造，如果是這樣，建造時間應是公元前30年之前不久。

大多數考古學家根據目前打撈出的文物判斷，「法老城」大約修建於公元前7世紀 公元前6世紀。還有一些人認為，從某些水下巨石上雕刻的塞提一世雕像及其稱號來看，「法老城」的建造應在塞提一世在位時或更早的時代。

「法老城」究竟是怎樣消失的？

研究者認為，它似乎是毀於一場突發的大規模災難。仔細觀察海底的這座城市，人們發現一個奇異的現象，所有靠城邊的房子和牆都倒向同一方向。為什麼會出現這種現象？

研究者認為，可能是在2500年前的某一天，一場突如其來的大地震發生在「法老城」的中心地帶，隨著一陣驚天動地的震顫，整個城市迅速毀滅。城中生活的居民及其廟宇、宮殿、無數巨石雕像和珍寶一起沉入了海底。

由於整個遺址都被埋在1～1.5米厚沙層內，許多寶藏都被層層纏

繞的海藻和厚厚的沙層所覆蓋，人們還沒有辦法可以窺見「法老城」全貌，也沒有找到證實該城建造年代的可靠證據。但是有一點可以肯定，雕刻著塞提一世稱號的雕像至少有三千年的歷史，比托勒密二世時代要早一千年。

令人疑惑的是，「法老城」就沉落在海岸邊，水深也只有30米，能見度也不算太低，它們怎麼可能在海底沉睡幾千年之久呢？

獅
身人面像下的寶藏

在大金字塔腳下，通往吉薩高地的路上，坐落著一座巨大的岩石雕像，這就是舉世無雙的獅身人面像。也許是它旁邊的大金字塔太有名了，或是有關大金字塔的奇聞軼事太多了，以至於很長時間以來，無論是研究者還是旅遊者，都把它當做大金字塔的附屬品來看待。但是科學家透過多年的深入研究，認定這種說法是錯誤的。

獅身人面像全長73.2米，高2.3米，是全世界最大的雕像，經歷了多少年風雨，姿態依然優美。在相當長的一段期內，人們曾經以為獅身人面像是在公元前2600年左右，由埃及第四王朝時期的法老卡夫拉下令建造的。但隨著科學技術的不斷發展，有些科學家對獅身人面像的建造年代及其用途作出了新的解釋。

近年來，比利時天文學家羅伯特·波法爾等人發現，整個吉薩高原上的古蹟其實反映的是公元前10500年的天象，而獅身人面像是其中一個不可缺少的組成部分。獅身人面像的位置正對著公元前10500年春分的日出時獅子星座的方向，形成天獅與地獅對應的奇觀。而這一景象發生的時間，正是獅子座的時代。同時電腦模擬顯示，公元前10500年，春分點就處在獅子座後爪的正下方。而根據古埃及神話傳說和一些文件記載，遠古時代的智慧經典仍被祕密隱藏在吉薩的某個地方。因此有人認為這顯然是一個不尋常的提示，把天象中的坐標轉

換為地上的坐標，暗示那些遠古時代的寶藏就埋藏在獅身人面像下的岩石之中。

那麼獅身人面像真是遠古時代遺留下來的一份藏寶圖的標誌嗎？它守護著的是否是人類遠古時代最重大的祕密呢？

電腦模擬顯示，公元前10500年，春分點位於獅子座後爪的下方。有人認為這是暗示著獅身人面像下方埋藏著某種遠古的寶藏。而根據埃及某些文件和神話傳說，古埃及的智慧之神索斯，曾將遠古時代的知識寫成四十二卷經典，刻於石壁，藏入地下，留給後代那些「有資格得到這些知識的人」。而在公元前2400年埃及第五王朝留下的金字塔經文中，也記載著吉薩的地下封存著遠古時代的法老歐西裡斯的某種祕密。

要想揭開法老歐西里斯的祕密，需要先弄清楚一個問題：獅身人面像的準確建造年代是什麼時代？如果解決不了這個問題，寶藏的事根本無從談起。

在這個問題上，科學界引起了爭論。按照傳統的觀點：獅身人面像是由公元前2600年的埃及第四王朝時期的法老卡夫拉下令建造的，其主要證據是1817年在獅身人面像附近發現的一塊石碑，碑文中刻有象形文字Khaf的字樣，比起卡夫拉的名字Khaf Re只少後邊兩個字母，翻譯碑文的考古學家認為是這兩個字母磨損了，因此判斷為卡夫拉。這塊石碑現在被豎立在獅身人面像兩隻前爪之間。這個卡夫拉也就是建造了第二大金字塔的卡夫拉，有些學者並認為獅身人面像的臉部就是卡夫拉的雕像。

但另一些科學家不這麼認為，他們解釋道：古埃及所有碑文中的法老名字都是用橢圓形圖案圈起來的，而這塊碑文中的khaf這幾個字母卻不帶橢圓形圖案。因此這幾個字母是不是卡夫拉的名字還是疑問。而在歷史上，獅身人面像曾幾次被沙土掩埋到頸部。人們多次清除掉埋在雕像身體的沙土。那塊石碑是紀念為雕像清除沙土的法老圖特摩斯四世而立的，因此有人認為即使碑文中有卡夫拉的名字，也不能證明獅身人面像就是卡夫拉建造的，也可能卡夫拉只是為獅身人面像清除過一次沙土而已。而在吉薩發現的另一塊石碑即「庫存表石碑」碑文中說法老胡夫曾看見過獅身人面像。而胡夫是卡夫拉的長輩，如果這一記載屬實，那麼獅身人面像的年代應早於卡夫拉時代。

　　1961年，法國學者施瓦勒最先發現，獅身人面像的頭部以下部分有明顯的被水侵蝕的痕跡。此後，美國考古學家魏斯特和地質學家修奇又進一步論證了獅身人面像被侵蝕的痕跡是雨水而非風沙造成的。修奇從地質學專業的角度，對此作了深入細緻的研究，他指出在獅身人面像的部分壁體上，「侵蝕痕之深達2米左右，使得外觀看來蜿蜒彎曲，好像波浪一般，這是石灰岩經過幾千年激烈的風吹雨打的痕跡」。

　　現在吉薩高原一帶鄰近撒哈拉大沙漠，氣候乾燥，雨水稀少。不僅現在，而且據記載，從公元前3000年的法老時代起，就一直這樣。建在乾燥地區的獅身人面像上，怎麼會被雨水侵蝕呢？

　　魏斯特的解釋是：「從第四王朝時代，也就是公元前3000年以來，吉薩高原上一直沒有足夠的雨水能造成獅身人面像身上的侵蝕痕

跡，我們必須要回到公元前1萬年，才能在埃及找到足以如此大規模地侵蝕大石塊的壞天氣。因此，獅身人面像必定建造於公元前1萬年以前。然而，既然獅身人面像是如此規模宏大而複雜的工藝品，我們可以推論：它必定是由一個高度文明所完成的，所以在公元前一萬年，埃及應該已經有一個高度文明。」

魏斯特的推論與氣象學家們對古代埃及氣候的研究完全相符。公元前1萬年前，撒哈拉沙漠尚未形成，遠至埃及還都是一片蔥綠的大草原，氣候比現在要濕潤得多。而在公元前10500年前後的兩三千年裡，當地開始不停地下雨，一直下到洪水來臨，等洪水過後環境發生巨大變化，氣候逐漸變得乾燥。直至公元前7000年後才有了一段雨水較多的時期，然後又回到漫長的乾燥期，直到現在。從20世紀70年代起，霍夫曼、哈珊、溫道夫等地理學家、考古學家、史前史學家不約而同地在相關學科提出了新的證據，證明在公元前11000年 公元前9000年這段時期，尼羅河低地發生過多次大規模的洪水，對當地產生嚴重的破壞，並將公元前13000年開始的古埃及農業實驗成果也破壞殆盡。因此，如果獅身人面像確實是遭到雨水侵蝕，那麼它必然是在大洪水之前或冰河時代末期結束之前已經存在。

如果獅身人面像遠比卡夫拉的時代久遠，那它的臉部就不是卡夫拉的雕像。1993年，一些學者邀請美國紐約警察局專門鑑別嫌疑犯肖像的法醫高手弗蘭克・多明戈對此進行鑑定。多明戈在幾個月中仔細地比較了獅身人面像與卡夫拉雕像的上千幅照片，認為獅身人面像不是卡夫拉。

根據這個結論可以判定獅身人面像是在大約公元前10000年建造的。那麼獅身人面像的寶藏究竟在哪裡呢？

　　魏斯特對獅身人面像進行了深入的觀察，他發現這個巨大的石像並不是像過去有些人認為的那樣簡單地利用一個凸起的小山包雕成的，而是在一塊高地上挖掉周圍多餘的岩石建成的。在施工時，先要沿著準備雕成獅形的石灰岩巨石的中心點，開鑿出一道大塹壕，並將周圍的岩石全部切除。因此，獅身人面像周圍的地面比吉薩高原正常的地面要低好幾米，這也是導致獅身人面像在歷史上多次被沙土掩埋的根本原因。而這些切割下來的石塊，被運到附近建成「河岸神殿」。

　　魏斯特認為，在建造獅身人面像中可能使用了一些我們今天仍未掌握的技術。獅身人面像體積雖大，但只要有足夠的石工，雕刻起來並沒有什麼困難。最困難之處在於如何將雕像周圍的石頭切開，使雕像與地面分離。即使運用現代最先進的器械與技術，對此仍有很多問題無法處理。

　　1990年，美國地球物理學家托馬斯‧多比奇等人在用地震測量儀檢測獅身人面像時，發現在獅身人面像身體下距地面5米處的岩床裡有一個12米長、9米寬的長方形洞穴。由於這個洞穴呈規則的幾何形狀，與天然洞穴完全不同，多比奇認為這是一個人工洞穴。

　　這一項發現，進一步激起了人們對獅身人面像下埋藏的遠古寶藏的興趣。有些人立刻想到電腦模擬的天象圖中春分點在獅子座後爪下的位置，經過研究和比較，這一位置與獅身人面像下洞穴的位置基本

相同。

1999年3月3日，埃及政府史無前例地在攝影機面前打開了埃及第四王朝卡蒙塔納比梯皇后二世的金字塔，在美國福克斯電視台向全世界的現場直播中，埃及考古學家哈瓦斯在獅身人面像前宣佈：他腳下確實有巨大的地下宮殿，即歐西里斯的神殿。他說：「地下宮殿共三層，前兩層是空的，真正的神殿在地下深處的第三層。神殿裡有四根巨大的石柱，包圍著一個置放在水池中的巨大石棺。」地下宮殿的宏偉令人歎為觀止，而石棺中藏的究竟是不是重大祕密或傳說中的史前典籍呢？

埃及有關部門對此表示「地下工程的發掘工作還沒有結束，現在才剛剛開始」。但實際上，他們並沒有立即著手安排發掘，目前仍處於準備階段。

獅身人面像是整個吉薩高地表示遠古時代天象的古建築群的一部分，是獅子座時代指示春分點的標誌，同時在某種意義上，也有著藏寶圖的作用。

而從它的設計構思、建造技術以及它蘊涵的天文學和數學訊息來看，它確實出於一個在太古時代就已高度發達的文明之手。而且，在它的地下宮殿中蘊藏的祕密不論是否是傳說中史前智慧的典籍，對瞭解人類遠古時代的文明史都具有不同凡響的意義。破解這一祕密，不僅是考古學家的渴望，也是世界上每一個人的渴望。

撒
哈拉沙漠裡的寶藏

　　非洲的撒哈拉沙漠，一直以來都是一片令人望而卻步的神奇土地。這裡常年乾旱，寸草不生，是一片人類足跡罕見的地方。

　　可是20世紀初，法國殖民軍科爾提埃大尉和佈雷南中尉等幾名軍官，在阿爾及利亞阿爾及爾南部一個還沒有被征服的地區巡查時，卻偶然發現了一些不為人知的壁畫。

　　這些壁畫的作者會是誰？為什麼要在人類罕至的地方留下這麼多壁畫呢？當時的佈雷南中尉心裡也在想這些問題。據佈雷南回憶：「1933年，我在率領一個駱駝小分隊偵察塔西裡高原時，接二連三地發現了好幾個『美術館』，展品真不少！內容有獵人、車伕、大象、牛群以及宗教儀式和家庭生活的場面。我被這些畫面深深地打動了，於是就花了大量時間用速寫描下了這些藝術品。」

　　當佈雷南將這些速寫畫拿給法國的考古學家和地理學家們觀看時，他們感到非常興奮。因為這證明，撒哈拉大沙漠並不像人們想像的那樣一直荒無人煙，這裡曾經有過水源，人類曾經在這裡生存過。

　　撒哈拉壁畫位於阿爾及利亞境內撒哈拉沙漠中一個名叫塔西里的荒涼高原上，故又名塔西里壁畫。

　　看過佈雷南速寫畫的人當中，有位著名的探險家亨利・洛特。他花了一年半時間考察塔西里地區，並和散居在這一帶附近的土著人阿

雷格做了朋友，這個土著民族至今仍散居在這塊河流乾涸的土地上，過著自由豪放的生活。在一些數萬年前被雨水沖刷成的巖洞裡，他發現了眾多保存完好的壁畫。這些壁畫記錄了史前時代許多有趣的事情：赤身的獵人在射箭，圓頭顱的武士投擲長矛，平靜的牧人腰繫圍裙、戴著埃及式的頭巾、手持號角在放牛，還有令人不可思議的獨木舟。洞壁上還繪有許多動物，有的早已從地球上消失；還有如犀牛、河馬、鴕鳥、長頸鹿等，也早已在當地不見蹤跡。

面對這些史前人類創造的輝煌傑作，洛特的心情異常激動。他決心將這些藝術品按原樣臨摹下來。但是只憑一個人的力量是辦不到的，他決定組織一支考察隊完成這項任務。可是亨利‧洛特是一個小人物，連中學文憑都沒有，誰會響應他的號召呢？為此他進入巴黎大學半工半讀，獲得了博士學位。這時第二次世界大戰爆發，洛特在戰爭中脊椎受傷，臥床十年，臨摹塔西里藝術品的計劃只好擱置。

1955年，洛特恢復了健康，他四處奔波，得到法國一些科研機構和政府部門的支持和資助，組建了一支由四名畫家、一名攝影師和一名懂柏柏爾語的年輕姑娘組成的考察隊，歷盡千辛萬苦來到塔西里。這裡的自然環境十分惡劣，晝夜溫差懸殊，空氣乾燥，白天常常是狂風呼嘯，沙礫飛揚，令人不堪忍受。而塔西里的巖畫零散分佈在洞壁的突出部位以及彎曲懸空的岩石上，有些畫還轉過犄角，跳過裂縫。為了把這些畫準確無誤地臨摹下來，考察隊員們忍受著嚴寒和酷暑、缺水和孤寂，在與世隔絕的荒漠中，常常不得不連續數小時乃至數日跪著或躺著工作。

工作持續了一年，這裡的天氣變冷，考察隊員疲憊不堪，被迫停止工作。第二年，洛特又招聘一些熱情高昂的年輕人重新開始工作。最後，他把複製的1500平方米的壁畫帶回巴黎，這些都是迄今所發現的史前最偉大的藝術的臨摹抄本，隨即，在盧浮宮展出了這些史前藝術珍品，令參觀者為之震驚，同時又為史前人類能夠創造出如此美妙的藝術品感到不可思議。

　　塔西里的巖畫共有數萬件彩繪畫面和雕刻圖案，大部分壁畫表明撒哈拉沙漠曾是一片水草豐茂、牛羊成群的世外桃源。最早的壁畫可以上溯到中石器時代，距今約一萬年，最晚的壁畫大約屬於公元前後的作品，前後延續了近萬年。巖畫中最古老的畫面是生活在公元前8000年至公元前6000年前的史前人類繪製的，筆觸稚嫩，描繪的一些絳紫色的小人，體型極不勻稱，頭顱又大又圓，而腿和胳膊細如蘆柴。他們可能是那些以狩獵和採集為生的黑色人種描繪的，因為巖畫中有文身和戴著假面具的人物，這種風俗習慣與黑人的完全相同。

　　在洞穴中有一個高5.5米的巨人畫面，兩隻手，圓頭，聳著肩膀，頭上似乎貼了四塊金屬片，臉上沒有鼻子，兩隻眼睛七歪八扭，彷彿畢卡索的作品，因為其他數千幅壁畫圖案都不是很寫意的，唯獨這幅巨人像特別抽象，洛特百思不得其解，於是給他取名叫「火星神」。瑞士哲學家豐・丹尼肯認為大火星神穿的不是宇宙服就是潛水服，而且頭上戴著球形頭盔安裝有天線，顯然是星外來客。其實看似頭盔和天線的東西，實際上是裝飾著羽毛的頭巾，況且在凹凸不平的巖面上的人物畫不一定是按照垂直方向整齊描繪出來的，所以丹尼肯

將它推測為宇宙人牽強附會的。

　　這一時期巖畫中，無頭的人物、奇形怪狀的物品比比皆是，類似的畫面在西亞安納托利亞高原地帶新石器時代早期的遺蹟中也有發現，然而大多數都無法解釋。

　　大約從公元前5000年至公元4000年，塔西里巖畫作品中，出現了放牧牛羊、半圓形房屋、舞女、戰爭以及日常生活等場面。據推測，這些巖畫是由至今仍生活在撒哈拉沙漠南部的法爾拜族人描繪的，因為無論從髮型、帽子、武器、住宅，還是從一夫多妻制等方面來看，兩者完全相同。他們在撒哈拉牧草豐茂的時候趕著牛群，由東非遷徙而來。這一時期塔西里的繪畫藝術達到巔峰。

　　公元前1500年前後，撒哈拉的氣候開始變得乾燥，溪谷斷流，綠洲乾枯，嚴酷的自然環境不再適宜放牧牛羊。法爾拜人為尋求新的牧場向南遷徙，另一支使用馬車的民族接踵而至。塔西里巖畫中的兩輪馬車揭示了這一神祕的變化，這些兩輪馬車並不是用來運輸貨物的，而是用於戰爭和狩獵的，由於塔西里一帶道路崎嶇，石柱林立，馬車很難行駛，因而居民十分稀少。這個民族大約在公元前1000年左右遷徙他鄉。

　　此後，撒哈拉日益乾燥，沙丘逐步擴大，公元前1世紀左右形成今天這樣的情形，這時塔西里巖畫上表現的是駱駝。隨著駱駝進入非洲大陸，撒哈拉的歷史翻開了新的一頁，史前時代宣告結束，歷史進入了有文字記載的時代──希臘羅馬時代。

　　撒哈拉壁畫的主要顏料來自頁岩。繪畫時，先將顏料磨成粉末，

用水稀釋溶解，加入樹脂、動物油、血、蜂蜜、尿等材料，製作成液體或糊狀使用。在一些遺址中還發現了溶化顏料用的石器皿和石盤，以及研磨顏料用的小石臼，繪畫工具用手指、筆或毛刷等，筆和毛刷是用草、頭髮、羽毛以及削過的細樹枝加工而成的。

塔西里壁畫令人流連忘返。近年來，隨著世界旅遊業的發展，喜歡刺激的冒險者來到非洲撒哈拉，觀賞氣象萬千的大漠風光，撒哈拉壁畫也隨之成為世界旅遊業中一個新興的旅遊熱點。

塔西里的巖畫中最古老的畫面是生活在公元前8000年至公元前6000年前的史前人類繪製的，描繪的是一些絳紫色的小人，體型極不勻稱，頭顱又大又圓，而腿和胳膊細如蘆柴。可是在洞穴中卻有一幅高大的巨人畫面，這幅巨人像特別抽像。令後人百思不得其解。瑞士哲學家豐・丹尼肯認為大火星神穿的不是宇宙服就是潛水服，而且頭上戴著球形頭盔安裝有天線，顯然是外星來客。難道在公元前8000年至6000年前外星人在這裡生活過？這幅巨人巖畫會不會是外星人的作品呢？在這茫茫的大沙漠中，會不會還有神祕的巖畫和不為人知的寶藏呢？

史
前的古地圖

　　在土耳其伊斯坦布爾的塞拉伊圖書館裡，人們發現了一張用羊皮紙繪製的航海用的地圖。地圖上有土耳其海軍上將皮里‧賴斯的簽名，日期是公元1513年。賴斯本是希臘人，1554年在開羅被殺。他是著名海盜馬爾‧賴斯的侄兒，一生都在大海上鏖戰。像他這樣的人，擁有一張航海地圖，本來不算是稀罕的事。但是，賴斯的這張地圖卻是一張稀世罕見的古地圖，它不是賴斯本人或他同時代的人繪製的。

　　這張地圖是一張複製品，它的原版是在極其遙遠的古代繪製的。在這張地圖上準確地標畫著大西洋兩岸大陸的輪廓，北美洲和南美洲的地理位置也準確無誤，尤其是南美洲的亞馬遜河流域、委內瑞拉灣和合恩角等地都標畫得十分精確。更令人驚奇的是，這張地圖上清楚地標畫出整個南極洲的輪廓。

　　大家知道，目前人們普遍認為，南極大陸是在1818年才發現的。然而，賴斯地圖上的南極洲大陸不僅跟現代地圖相符，而且還畫出了現在已被冰層覆蓋的南極大陸兩側的海岸線，其中尤以魁莫朗德地區最清楚。南極的這個地區被冰層覆蓋已經有一萬五千年了，這就是說，賴斯地圖上的南極洲是根據一萬五千年前的地理狀態繪製的。

　　需要說明的是，賴斯地圖並不是唯一的一張罕見的古圖。1339年，杜爾塞特有一張航海圖十分精確地標畫著地中海和整個歐洲的位

置。根據許多事實判斷，這張地圖也是複製品，就是説，它原版的繪製年代要比這早得多。從地圖本身來看，繪製者所掌握的地理等方面的知識遠比14～15世紀甚至16世紀的人要全面得多。

在希臘一些普托利邁斯年代的地圖上，人們可以看到現今的一些地區還被冰川覆蓋著，而另一些地區卻沒有被冰川全部覆蓋。這一切都表明，這些地圖是在很遠的古代繪製的，因為瑞典為冰川覆蓋的年代至今已經很遠了，而在普托利邁斯朝代這些冰川早已消失。

1531年，奧隆丘斯·弗納尤斯有一張地圖，上面標畫出南極洲的大小與現代人繪製的地圖相比，幾乎完全一致。所不同的是，這張地圖只標出南極的西部被冰層覆蓋著，冰層尚未覆蓋住整個南極大陸。根據地球物理科學的研究成果，大約在六千年前，南極大陸上的某些地區氣候還比較溫和，特別是羅斯海地區。這個事實表明上述地圖是根據六千年前南極的地形繪製的。

1559年，另一張土耳其地圖也精確地標畫著南極洲大陸和北美洲的太平洋海岸線。更加令人驚訝的是，這張地圖還標畫著一條較窄的地帶，像橋樑一樣把西伯利亞和阿拉斯加連接在一起。但是連接西伯利亞和阿拉斯加的這塊地區的消失，至少已有三萬年了。而這張地圖的繪製者對此卻瞭解得如此清楚，竟把它繪製在自己的地圖上。

遠古人繪製的地圖，怎麼可能準確地標畫出大西洋兩岸大陸的輪廓，連北美洲和南美洲的地理位置也準確無誤，尤其是南美洲的亞馬孫河流域、委內瑞拉灣和合恩角等地都標畫得十分精確。

1818年人們才發現南極大陸，為什麼在六千年前的地圖上就清楚地標畫出整個南極洲的輪廓呢？

　　土耳其遠古地圖不但精確地標畫著南極洲大陸和北美洲的太平洋岸線，在這張地圖還標畫著一條較窄的地帶，居然把西伯利亞和阿拉斯加連接在一起。但是連接西伯利亞和阿拉斯加的這塊地區的消失至少已有三萬年了。而這張地圖的繪製者對此卻瞭解得如此清楚，竟把它繪製在自己的地圖上。

　　這三張神祕的遠古地圖的繪製者是誰？他們怎麼可能對三萬年後的地貌變化瞭解得如此清楚？

埃
布拉古國寶藏

　　1955年，敘利亞的一個農民在荒丘上，偶然發掘出一個用灰色玄武岩雕刻而成的獅子和一個三面雕刻有武士圖案的水槽，引起專家學者們的重視。

　　1964年，義大利考古學家保羅·馬蒂埃率領羅馬大學考古隊來到敘利亞，追尋距今四千多年前的青銅時代城址，馬蒂埃把考古地點定在沙漠中的特爾·馬爾狄赫荒丘上，在這裡進行多年大規模調查和發掘，結果他們幸運地找到了一座不為人知的王國都城埃布拉。

　　特爾·馬爾狄赫上崗遺址地層疊壓關係向世人提供了一幅完整的西亞歷史畫卷。從考古發掘出土的資料來看，大約在公元前4000年這裡已有原始先民定居，到公元前2900年左右，埃布拉是西亞比較強盛的國家之一。

　　這個國家是以埃布拉都城為中心聯合附近一些村莊和城鎮而形成的，所以有些學者稱之為「城邦國家」。據估計，當時埃布拉都城裡聚居著約三萬居民，整個埃布拉王國鼎盛時期的人口有二三十萬人，是古代西亞城邦國家中人口較多的國家之一。

　　埃布拉城平面大致呈菱形，最寬處約1000米，有四個門，遺址總面積56萬平方米，城址中央最近似圓形的衛城，直徑約170米。1973年，在衛城中發現公元前3000年前的王宮，宮牆高達15米，宮殿鱗次

櫛比，結構複雜多變，階梯走廊曲折相通，是王宮成員的居住區。在城牆和衛城之間是普通居民的生活區。

　　1957年，又在衛城中發現了王室檔案庫，裡面出土了大量完整的文書，主持發掘工作的保羅‧馬蒂埃博士驚歎道：「我的第一印象是，我好像看到一個泥板文書的海洋！」

　　埃布拉古國自公元前2900年開始到公元前1600年結束，延續一千三百年之久。刀光劍影，血雨腥風，終於將這個盛極一時的王國埋葬，湮沒數千年。1968年，馬蒂埃博士在衛城中發掘出一件玄武岩的無頭男子雕像，雕像的袍子上刻著二十六段楔形文字銘文，其中寫道：「因為埃布拉之王和伊斯塔爾女神的緣故，將水槽奉獻給大神廟。」

　　1975年，他在衛城之中又發現一座王室檔案庫，出土了約一萬五千件黏土板文書，文書中不止一次出現「埃布拉」一詞，其中有一段文書寫道：「人類創始以來，眾王之中沒有人奪取過阿爾馬納和埃布拉，納加爾神為堅強的那拉姆‧辛拓寬道路，賜予阿爾馬納和埃布拉，又賜予阿那拉姆、杉樹之山和大海。」那拉姆‧辛是阿卡德帝國君主薩爾貢一世的孫子，大海指的就是地中海。據此，考古學家們欣喜地意識到，他們的辛勞得到了報答──他們幸運的發現了消逝數千年之久的文明古國埃布拉。

　　埃布拉古國未被發現之前，幾乎沒有人知道它。有關這個王國各方面的情況，幾乎都來源於埃布拉文書的記載。一萬五千件黏土板文書大多接近正方形，邊長約20厘米，出土以後引起世界各國學者的廣泛興趣。研究結果表明，這些泥板文書成文的時間大約是在公元前

3000年至公元前2500年之間，鐫刻其上的楔形文字80％是蘇美爾語，20％是「埃布拉語」。

據此專家推測，當時的埃布拉王國可能是以蘇美爾語作為官方語言，而民間語言仍屬西亞塞姆語系的閃語，埃布拉國最古老的居民很可能就是塞姆語族的一部分。但「埃布拉語」作為塞姆語的一種，究竟與塞姆語系的阿卡德語、阿摩利語、希伯來語有什麼聯繫，這還是一個待解之謎。

儘管還有相當數量的「埃布拉文書」沒有破解，但是，根據已經破解的大量文書記載，學者們已經可以想像出這個神祕國度的概況。

埃布拉古國是一個高度發展的奴隸制國家，王室、神廟僧侶和世俗貴族都佔有大量的私有土地，以地域關係為紐帶結合起來的農村公社，僅佔有少量土地。

埃布拉古國晚期，貧富分化懸殊，社會矛盾激化。埃布拉古國長年實行募兵制，擁有一支兵種齊全、裝備精良、訓練有素、戰鬥力強的常備軍。國王憑藉軍事力量，對內加強統治，對外頻繁發動侵略戰爭。有一塊泥板文書中列舉了二百六十座古代城市，這些城市的名字歷史學家們聞所未聞。有些學者推測，這二百六十座城市很可能都曾被埃布拉王國軍隊征服過，隨著軍事侵略的勝利和王國版圖的擴大，大量奴隸和財富流入埃布拉國內，埃布拉奴隸制經濟空前繁榮。一些泥板文書中寫有很多指令、稅款和紡織品貿易的帳目以及買賣契約，還有一塊泥板上寫有七十多種動物的名稱，這證明埃布拉王國的工商業也相當發達。

就在埃布拉王國稱雄一時的時候，兩河流域另一個奴隸制城邦阿卡德王國強大起來。阿卡德國王薩爾貢一世先後三十四次出征，統一了蘇美爾和阿卡德，建立起統一的阿卡德王國。兵鋒遠達埃蘭、兩河流域北部以及地中海東岸一帶。

薩爾貢一世的孫子那拉姆‧辛統治時期，橫徵暴斂，濫殺無辜，他率領軍隊親征埃布拉王國，並將埃布拉都城焚燬殆盡。但是王室檔案庫中的大量黏土板文書卻完整地保存下來，成為人們研究西亞歷史的珍貴文獻資料。

阿卡德王國的軍隊撤退後，埃布拉人在廢墟上重建家園，修築了宏偉壯觀的大神廟等重要建築，古都又恢復了昔日的繁華和喧鬧。但好景不長，大約在公元前2000年，遊牧民族阿摩利人再一次入侵了這裡，再次將這座城市洗劫一空，臨走時又放了一把大火將其焚燬，此後，阿摩利人長驅直入，到達巴比倫尼亞，建立了古巴比倫王國。

埃布拉古國由於屢遭浩劫逐漸衰落，公元前1600年，最後一場大火將埃布拉都城徹底毀滅，埃布拉居民也突然消失得無影無蹤。

「埃布拉語」作為塞姆語的一種，究竟與塞姆語系的阿卡德語、阿摩利語、希伯來語有什麼聯繫？埃布拉古國的人為什麼把重要的文獻記載刻在黏土板上製成泥土文書，難道他們預感到埃布拉都將來會遭遇火災，只有製成泥土文書，才能把這段歷史保存下來，留給後人研究西亞歷史？埃布拉都這場毀滅性的災難究竟是由於統治者內部紛爭造成的，還是由於來自北方民族的侵略？

戰爭

寶藏之謎

Chapter 6

琥
珀屋寶藏

　　普魯士國王威廉一世舉行完加冕儀式後，突發奇想地要建造一間琥珀屋，丹麥的琥珀雕刻家杜索擔負起這個重任。他經過八年的辛苦雕琢，琥珀屋終於完工了。杜索以高超的技藝將各種精巧的飾件，組合成了十分奇異的構圖。全室共有12塊護壁鑲板和10個柱腳，不但可以隨意拼成不同的形狀，還可以隨意拼成不同的琥珀花朵和琥珀雕刻。拼花牆與雕刻圖案配合協調，渾然一體，牆角上的各種琥珀雕刻再現了一系傳說故事的內容，能組合成字的色彩斑斕的花瓣更是令琥珀屋錦上添花。

　　為了增加室內的亮度，使各種色調和諧統一，杜索還在琥珀薄片下襯墊上光彩奪目的錫箔。堪稱曠世珍室，曾經被譽為「世界第八大奇觀」。

　　波斯王子訪問聖彼得堡時，被琥珀屋的氣派震懾，慌忙脫下鞋子，不忍心玷污了琥珀屋的地板。

　　1712年，俄國沙皇彼得一世訪問普魯士。為了表示友好，威廉一世將琥珀屋作為禮物送給彼德大帝。彼德大帝一看見琥珀屋就愛不釋手，他急忙給皇后寫了一封信，信中說：「我將送給妳一件世上獨一無二的珍寶。」訪問結束後，彼得一世在重兵保護下，把這個價值2.5億馬克的琥珀屋運到彼得堡。

這些藝術珍品被彼得一世佈置在沙皇的冬宮裡，後來又轉移到小冬宮裡，彼得一世在琥珀屋裡度過了餘生。

彼德大帝病逝後，彼得一世的女兒伊麗莎白‧彼得羅芙娜挑選了76名近衛軍士兵把琥珀屋搬遷到皇村，現在的普希金城。伊麗莎白請來義大利雕刻家馬爾特里與來自哥斯尼堡的五名工匠重新佈置琥珀屋。佈置琥珀屋需要很高的拼花技藝和水平。馬爾特里把22面鏡子十分巧妙地鑲嵌在宮牆與護牆板之間，並與浮雕邊框融成一體，產生了特殊的觀賞效果。

佈置琥珀屋的工作持續了很長一段時間，消耗600公斤琥珀，用琥珀雕成一座微型宮殿。經過重新佈置整修的琥珀屋超過了原來的規模，成了價值更高的藝術珍品。

1941年，希特勒的軍隊佔領了普希金城。葉卡捷琳娜宮被洗劫一空。部分宮室在戰火中倒坍毀損，琥珀屋的大門和窗框也嚴重受到破壞。

德國人對舉世聞名的琥珀屋十分關注。德國博物館館長命令一批士兵，拆除琥珀屋裡的全部裝飾，把它們分裝成22個箱子，運往哥尼斯堡。哥尼斯堡藝術館館長羅德，讓工匠把這些琥珀藝術品，在奧爾登宮的二樓大廳裡重新拼裝起來。儘管德國人工作時謹慎小心，但仍然有很多藝術品受到損壞，有的竟然還不翼而飛。重新佈置的琥珀屋已經遠遠不如在葉卡捷琳娜宮時那樣富麗堂皇。

1945年，蘇軍逐漸逼近哥尼斯堡，英國空軍還不停的轟炸。德國軍隊意識到無法打贏這場戰爭，立即動手拆除琥珀屋，把這些藝術品

藏入城內「勃留特利赫」旅館的地下室。

戰爭結束後，人們開始尋找琥珀屋的下落。蘇聯成立了一個尋找琥珀屋的小組，他們在一個德國人的指點下，在波羅的海打撈出17個箱子，可是，箱內裝的不是琥珀，而是滾珠和軸承。

尋寶小組又重新研究了大量資料，找到了哥尼斯堡藝術館館長羅德。但是，他卻說已經記不清收藏琥珀屋的確切位置，讓他再仔細想想，就在此期間，羅德卻神秘地死亡了。尋寶小組又將線索轉向一位名叫庫爾任科的蘇聯婦女身上，她是羅德的同事，曾經負責保管過包括琥珀屋在內的一些藝術展品。

這位婦女回憶說，在德軍撤退時，有一些德國士兵想破壞這些藝術品，城裡的一些建築不停的起火，存放藝術品的城堡被燒成一片灰燼。她也不清楚，琥珀屋是否還在城堡裡還是與其他藝術品混在一起。

尋找琥珀屋的線索再次中斷了，但這絲毫沒有影響尋寶小組的信心，有些德國人也來協助他們尋找琥珀屋，一家圖文並茂的雜誌甚至登出廣告，號召人們提供有關琥珀屋的線索，從柏林、萊比錫、慕尼黑、漢堡等地的信件猶如雪片飛向編輯部。其中，一封化名魯道夫‧林格爾的信最引人注目，它重新燃起了搜尋隊尋找琥珀屋的熱情。

魯道夫‧林格爾在信中寫道：「我父親叫喬治‧林格爾，戰爭爆發時，他在希特勒的衛隊和秘密警察署裡工作，掌握著一支由中央帝國安全局直接指揮的特種部隊，在國內和德國侵佔的外國領土上活動。由於他卓越的成就，戰爭結束前他得到了不少胸章和獎章。就在

他逝世前一個月，對我講述了他的平生經歷，談話中他曾提到琥珀屋和其他琥珀收藏品，說它們都藏在斯泰因塔姆的地下室中。我問他那個地下室在哪。他看著我笑了笑，說我太年輕，不要什麼都追根究底。

我父親於1947年10月在格賴茨醫院病逝。1948年1月的一天，我無意中走進家裡的地下室中，發現了一個寫得密密麻麻的日記本，上面記下了近一百多條命令和執行命令的情況，其中的兩份文件直接跟琥珀屋的轉移有關。」在這封信中，林格爾附上了那兩份文件。

林格爾的來信，使人們似乎看到了尋找琥珀屋的希望。可是，它究竟藏在哪裡？

尋寶小組根據林格爾的信推斷：琥珀屋至今仍然在羅德所在的那座城市，也許它仍在一個地下室靜靜的沉睡。

沙
皇黃金寶藏

　　1921年5月，沙俄海軍上將阿歷克賽・瓦西里維奇・哥薩克率領一支部隊，護送著一列28節車廂的裝甲列車，從鄂木斯克西伯利亞大鐵路向中國東北邊境撤退，在這趟戒備森嚴的列車上，裝載著沙皇搜刮來的500噸黃金。這隊人馬經過三個月的艱難跋涉，來到貝加爾湖畔。哥薩克將軍發現鐵路已被徹底破壞，無法通行，只好命令部隊改乘雪橇穿過貝加爾湖到達中國邊境。

　　冰面上堆積著厚厚的雪，500噸黃金被裝上雪橇，在武裝人員的押送下，士兵們一邊清掃積雪一邊緩慢前進。突然，貝加爾湖上的冰面出現了巨大裂縫。據說，哥薩克的所有部隊和500噸黃金全都沉入水深100多公尺的湖底。

　　事情過去的十八年後，生活在美國的沙俄軍官斯拉夫・貝克達諾夫公開了自己的身份。

　　他說：「沙皇的這批財寶並沒有沉入貝加爾湖，大部隊抵達伊爾庫茨克之前，黃金就被轉移地點，祕密埋藏起來，這次行動由我和德蘭柯維奇軍官負責。我們倆帶著45個士兵，把黃金祕密埋藏在一座已倒塌的教堂的地下室裡。完成任務之後，我們把45名士兵帶到採石場上，我和德蘭柯維奇把他們全部槍決了。在返回的路上，我發現德蘭柯維奇想暗算我，於是，我搶先一步開槍打死了他。當時每天都會失

蹤一百多人，這46個人的死亡根本不會引起注意，所以我成了現在唯一掌握沙皇黃金的祕密知情人。」

1959年，貝克達諾夫找到一次機會返回前蘇聯，在馬格尼托哥爾斯克遇到一位熟悉的美國工程師。不知出於什麼原因，貝克達諾夫始終沒有透露這位美國工程師的真實姓名，只稱呼他為約翰·史密斯。

史密斯知道貝克達諾夫當年埋藏黃金的事情，提議他們到當年埋藏沙皇黃金的地方看一看。他們在年輕姑娘達妮婭的陪同下，找到了離西伯利亞大鐵路3公里處的教堂地下室，500噸黃金仍然完好無損地埋藏在那裡。他們只取走了一部分黃金。他們開著吉普車在回來的途中，正要通過格魯吉亞闖過邊境時，突然一陣密集的子彈掃射過來，在彈雨之中，貝克達諾夫被當場打死，史密斯和達妮婭扔下吉普車和黃金，驚恐萬分地逃出了前蘇聯。

如今，這批沙皇黃金的線索又中斷了。如果這500噸黃金沒有沉入貝加爾湖底，要找到它們，就必須先找到史密斯或達妮婭，只有他們才能揭開這個謎底。

如果這500噸黃金沒有沉入貝加爾湖底，要找到它們，必須先找到史密斯或達妮婭。他們上次取走一部分黃金，對他們開槍射擊的人是誰？一定有人在暗地裡偷偷保護這批黃金，這些保護黃金的人又會是誰呢？他們在遵守著誰的命令在這裡靜靜地守護著這筆寶藏呢？

拿破崙寶藏

　　法國皇帝拿破崙率領50萬大軍對俄國進行遠征，由於戰線拉得過長，交通運輸經常遭到襲擊，糧食和彈藥供應不上，而俄皇亞歷山大一世又不接受和談，在這種情況下，拿破崙不得不放棄剛佔領不久的莫斯科，向西南方向緩慢後撤。撤退中，沿途不斷受到俄軍和農民游擊隊的狙擊。就在這個時候，法軍龐大的輜重隊中有25輛裝滿了在莫斯科掠奪的戰利品的馬車突然失蹤。自那時起，一個半世紀以來，拿破崙的這批戰利品究竟隱藏在哪兒，就成了鮮為人知的謎。

　　一位名叫尤・勃可莫羅夫的前蘇聯學者，在閱讀英國歷史小說家瓦・斯戈特所著的《法國皇帝拿破崙・波拿巴的生涯》一書時，對其中的一些情節很感興趣：

　　「11月1日，皇帝繼續痛苦的退卻。他在禁衛軍的護衛下，踏上了通向斯摩稜斯克的道路。由於擔心途中會遭到俄軍的阻截，所以應盡快往後撤。」

　　「因感到目前處境的危險，拿破崙深知在莫斯科所掠奪的古代的武器、大炮、伊凡大帝雇塔上的大十字架、克里姆林宮中的珍貴物品、教堂的裝飾品以及繪畫和雕像等已無法帶走，但又不甘心讓俄軍奪去，所以就命令將這些東西沉入薩姆廖玻的湖裡。」

　　瓦・斯戈特是一位注重史實的作家。他這本書的完成和出版，離拿

破崙遠征莫斯科僅隔二十年，時間不算很長。勃可莫羅夫由此認為，這件事在那些曾參加了這次遠征的人的手記或回憶錄中應有所涉及，於是決定查閱一下與拿破崙同時代的人是否提到有關戰利品的情況。

拿破崙在敗退時，曾和兩名親信乘著雪橇往西疾馳，其中一個名叫阿·德·哥朗格爾。勃可莫羅夫在他的回憶錄中看到這樣一段話：「11月1日，拿破崙從比亞吉瑪退走。11月2日，我們來到了薩姆廖玻。第三天，到達斯拉普柯布。在這裡，我們遇到大雪的侵襲……」哥朗格爾在回憶錄中記載，拿破崙曾經到過薩姆廖玻；斯戈特說，拿破崙把戰利品沉入薩姆廖玻的湖裡。兩者提供的日期和地點完全相符。

勃可莫羅夫又參閱了一些俄國人、英國人和法國人所記述的有關這方面的材料，一致認為拿破崙在1812年11月2日，把從莫斯科掠奪的戰利品扔進了薩姆廖玻的湖中。

事隔多年，這些戰利品還仍然在薩姆廖玻湖底嗎？

勃可莫羅夫深信，如果戰利品確實沉入了湖裡，那它現在應該還沉睡在不為人知的那個地方。因為法國士兵不會把這個消息洩漏給俄國人，即使當時小村子裡的俄國人知道拿破崙的珍寶沉入了湖底，他們也沒有工具把它們打撈上來。

那麼，薩姆廖玻湖到底在哪呢？

勃可莫夫在列寧圖書館花了大量時間進行查閱，幾乎翻了所有的地圖。但令人感到失望的是，在比亞吉瑪薩姆廖玻一帶並沒有什麼湖。後來，他向蘇聯科學地理研究所提出諮詢，對方答覆說：「在比

亞吉瑪西南29公里的沼澤地，有條叫薩姆廖夫卡的河。那塊沼澤地也叫這個名字。」

離開比亞吉瑪29公里的沼澤地，拿破崙11月1日在比亞吉瑪，第二天來到薩姆廖玻……這樣，隨著歲月的推移，這個湖有可能已經變成沼澤了。

一百多年過去了，是否有人對這塊地方進行探索呢？勃可莫羅夫雖然查閱了許多資料，但收穫很少。後來，他給有關機構發了信，詢問這方面的情況。大部分的回答是無可奉告，只有斯摩稜斯克地方政府內政管理局，記錄保存室提供了一點資料：

『1835年，根據斯摩稜斯克地區長官的命令，由夏瓦列巴奇中校率領工兵部隊曾對這個湖進行勘查。他們先測量了湖水的深度，在離水面大約5公尺處，有堆像岩石般的堆積物，鉛錐碰上去似乎聽到一種金屬的聲音。地區長官向國務大臣報告，國務大臣又呈報給沙皇。尼古拉一世撥款4000盧布，用來建立圍堰，以便把水抽乾。後來，圍堰完成了，水也抽乾了，但呈現在眼前的僅是一堆岩石。搜尋到此就中止了。隨後，有一些志願者也曾進行過探索，但是最終都一無所獲。』

拿破崙的戰利品怎麼會突然失蹤？這個問題，仍有待於人們的研究和發掘。

納
粹寶藏

二次世界大戰期間，德國空軍元帥戈林曾向他的部下指示：「當你發現有什麼東西可能是德國人民所需要的，就必須像警犬一樣追逐，一定要把它弄到手，送到德國。」

納粹德國每佔領一個國家，它的財政人員馬上便奪取這個國家的黃金和外國證券、外匯等。接著還向這些國家徵收數目驚人的「佔領費」，到戰爭結束時，光「佔領費」的收入就有150億美元。德國法西斯還用種種理由迫使佔領國支付「罰金」、「貢金」。據美國戰略轟炸調查處的統計，搾取金額高達260億美元。

除了這些金錢外，納粹法西斯還掠奪被侵略國的許多文物珍寶。希特勒政府在征服波蘭後，戈林下令掠奪波蘭文物。半年後，他得到這樣的報告：「這個國家的幾乎全部文物，已經被接受了。」

據德國官方的一份祕密報告表明，到1944年7月為止，從西歐運到德國的文物共裝了137輛鐵路貨車，計有4174箱，21903件，繪畫就有10890幅，其中大部分都是名家傑作。納粹頭目們藉機擴充「私人」收藏，僅戈林一個人所收藏的文物，據他自己估計就達5000萬德國馬克。他的家簡直就是一座「博物館」，有5000幅世界名畫，16萬件珠寶鑲嵌的寶物，2400多件古代名貴傢俱，其中1500件屬於稀世珍寶。上面的財寶都是有案可查的，而那些不在案的恐怕沒有人清楚到

底有多少。

二戰期間，納粹分子掠奪了數不盡的財寶，他們把這些財寶瓜分成八大寶藏：希特勒金庫、隆美爾藏寶、墨索里尼東林寶藏、勒色林財寶、福斯希加潛艇藏寶、南太羅的三處寶藏。

納粹法西斯滅亡後，人們只見到極少的一部分。

當戈林離開希特勒，坐著他的裝甲汽車開往巴伐利亞，後面緊跟著裝滿財寶的卡車護送隊。最後一批在運送途中被美國部隊截獲，其中有27箱絕版書，4箱貴重玻璃器皿，8箱金銀器，無價的東方地毯等。希特勒自殺後，在其宅邸裡只發現了一些油畫和很少的資金。納粹的寶藏到底埋在哪了？

為了尋找到這些埋藏在某個角落的巨額財富，盟軍組織過一支尋寶隊。他們在一個鹽礦裡發現一批黃金、銀器、寶石、瓷器、雕像、名畫，總共裝了26輛卡車。但這只不過是納粹寶藏中極少的一部分。

儘管法西斯德國長年征戰，最後徹底滅亡，但是人們仍然認為，他們把許多財寶藏在世界各地。

傳聞最多的，是納粹有相當一部分寶藏藏在奧地利境內的阿爾卑斯山中，尋寶隊嚴密搜尋了那個地方，結果一無所獲。後來，有一位瑞士嚮導在那裡發現了一架納粹飛機和駕駛員的遺骸。這就是希特勒當年救助墨索里尼，祕密命令一架飛機運去1億美元的黃金，那架飛機在阿爾卑斯山阿丹墨羅峰觸山失事，當這位嚮導帶著一群人前往時，發現一條移動的冰河掩蓋了這個地方，飛機、駕駛員、黃金蕩然無存。

一個重要的寶藏線索奇蹟般地消失了，人們開始懷疑納粹寶藏的真實性，但是一系列藏寶人的出現，人們又相信這筆寶藏的確存在。

　　1949年，奧地利警察在美國佔領區拘捕了一個名叫蘭茲的嫌疑犯，發現他的外衣裡縫著一張奇怪的單子，上面列有瑞士法郎、美鈔、黃金、鑽石、鴉片等總值約1億多美元的東西，簽署這張單子的是原納粹德國少年先鋒隊的將軍史坦弗‧佛羅列屈。但是這些珍寶藏在何處，蘭茲卻守口如瓶。

　　1950年，美國駐奧地利佔領軍拘捕了一個名叫希姆爾的人，他當時正在一座寺院裡埋藏一個箱子，箱內裝有500多萬美元，還有金條。據說也是史坦弗‧佛羅列屈叫他保管的。史坦弗‧佛羅列屈被拘捕審訊時，承認希特勒命令他保管「二戰」掠奪來的財寶，但是，他死都不說出這些財寶藏在何處。

　　1954年，一位叫佛蘭克的德國人在奧地利度假，偶然發現了阿爾卑斯山脫蒂峰上納粹藏寶的地方。他利用過去曾是納粹黨員和被希特勒授勳的身份，設法打進了掩護寶藏的組織，最終看到了那嚴密守護下的窖藏，每一個地穴上都清楚地標明了50萬、70萬的字樣。佛蘭克從看管這些財寶的人員口中聽到，許多以度假為名來尋寶的人被殺的事，當這件事公諸於世時，震驚了全歐洲。

　　納粹寶藏，聽起來有點玄，很多人懷疑這些珍寶的真實性。但是從已經發現的資料看，肯定不是無稽之談，即使沒有傳聞中的八大財寶，至少也有幾筆可貴的寶藏。

二
戰寶藏

第二次世界大戰結束前的最後幾天，居住在托普利茲深水湖附近的居民們驚訝的發現，全副武裝的納粹德國黨衛軍，封鎖了托普利茲深水湖附近所有的交通要道。然後把很多箱子沉入湖中。

知情者説，箱子裡裝著納粹德國從歐洲各國掠奪來的黃金珠寶、文物寶藏和絕密文件。從那以後，托普利茲湖底隱埋著納粹寶藏和祕密的傳聞不脛而走，吸引了一批又一批的尋寶探險家前去冒險。

吸引世人矚目的不僅是神祕的歷史傳説，更主要的是發生在托普利茲深水湖真實的尋寶故事。

在「二戰」結束後的大半個世紀裡，托普利茲湖成為世界媒體報導的焦點，其中最轟動的要數20世紀60年代托普利茲湖發現大量假英鎊一事。這些可以以假亂真的英鎊是希特勒親自策劃的「伯納德絕密行動」的產物。

二戰後期，希特勒為了擾亂盟國的金融秩序，導致盟國經濟全面崩潰，開始製造大量的假英鎊。然而，「伯納德行動」還沒來得及實施，第三帝國的末日就來臨了，慌亂逃命的黨衛軍來不及徹底銷毀證據，只得把成箱的假英鎊丟進托普利茲湖裡。

在半個世紀裡，人們在托普利茲湖裡發現過以下財物：50箱黃金、1本珍貴的集郵冊、50公斤金首飾、5枚珍貴的鑽戒、部分從匈牙

利猶太人手中掠奪來的藝術品、22箱珠寶、20箱金幣和3箱沙皇時代的金條。

正因為有了這些真實的故事，加上神祕的歷史傳說，世界各地的尋寶探險家們，才冒著生命危險一次又一次的潛入托普利茲深水湖中，許多人甚至因此丟了性命。

不知道出於什麼原因，奧地利內政部突然下了嚴禁在托普利茲湖尋寶探險的命令。人們為此作出種種猜測：有人說，奧地利政府的禁令是別人尋找到這裡的寶藏。有人卻說，沉入湖底的絕密文件可能會曝光，奧地利政府二戰期間許多見不得人的內幕，甚至會曝光奧地利政府高官與納粹的關係。

實際上，托普利茲深水湖確有一段鮮為人知的歷史。

很少有人知道，「第三帝國」元兇之一赫爾曼‧戈林曾在離普利茲深水湖畔不遠處建了一幢小別墅，他和希特勒經常一起到附近一家酒吧閒坐。希特勒和戈林當年都認為，這裡險峻的山勢可以使德軍拒盟軍於奧地利的薩爾茨堡門外。因此，他們甚至有過一旦柏林失守，就退到這裡指揮德軍負隅頑抗的計劃。

更鮮為人知的是，托普利茲深水湖曾是「二戰」期間納粹德國新式武器的祕密實驗場之一。20世紀40年代末，當地人傳說，傑克‧加斯圖爾在湖中找到過部分黃金，這些黃金成了他日後進行海洋尋寶探險的資本。

德國的《明星》雜誌曾派調查人員，潛入托普利茲深水湖進行調查。他們發現了整箱的假英鎊和假身份證，還有希特勒親筆簽署的執

行「伯納德行動」的命令。

後來，有三名潛水員也想到托普利茲深水湖碰碰運氣。其中一名潛水員不幸遇難。為此，奧地利政府下令嚴禁到湖中尋寶探險，三百餘名森林保護區工作人員封鎖了托普利茲湖。

2003年6月的某一天，一名自稱在南美某地看到過托普利茲深水湖納粹藏寶圖的神祕人物，給美國「海洋工程技術公司」發了一份傳真。此人聲稱：納粹分子在戰敗前，在奧地利四個湖中隱藏了大量的黃金珍寶。

那些納粹軍人在湖邊的岩石上炸開石洞，把無價之寶隱藏在洞中，然後原樣封上，或者把財物裝進特製的箱子，然後沉入百公尺深的湖底。他曾經見到的那張藏寶圖，現在去向不明。

奧地利多數專家對這份神祕的傳真嗤之以鼻，可是奧地利和美國的媒體卻掀起了一陣尋寶狂潮，托普利茲神祕的歷史傳說再次被激活了。

要想揭開托普利茲深水湖的歷史祕密絕非易事，湖周圍惡劣的自然環境和複雜的地理環境，都限制了探祕行動的開展。

儘管托普利茲深水湖距離奧地利重鎮薩爾茨堡只有120多公里，但直到今天仍只能靠步行穿越一條崎嶇的山路才能抵達湖邊，要想把大型探測機械運到湖邊是極其困難的。而托普利茲湖利茲湖一年中有六個月處於冰凍狀態，適合尋寶的時間又十分有限。

此外，托普利茲湖寬250公尺，長1800百公尺，水深達103公尺，

三面懸崖絕壁，另一面則一上來就是幾百公尺深的湖水，所以尋寶探秘活動只能在船上進行。更奇怪的是，湖面20公尺以下一片漆黑，這就進一步增加了湖底搜索工作的難度。

　　人們用最先進的水下探測、搜尋設備與技術尋找湖底寶藏，這筆寶藏能否成功的露出湖面，世人正拭目以待。

印
加帝國寶藏

　　1532年，西班牙殖民者皮薩羅率領一支軍隊，打敗印加帝國皇帝阿塔雅爾帕的軍隊。皮薩羅囚禁了印加皇帝，又派人從印加軍營搜刮出價值8萬比索的黃金。

　　皮薩羅的凶狠殘暴讓阿塔雅爾帕非常害怕，他為了保住性命，與皮薩羅提出交換條件：如果皮薩羅釋放他，他可以用黃金堆滿囚禁自己的房間，達到他舉手所及的高度。面對這筆有史以來最高的贖金，皮薩羅驚訝得說不出話。阿塔雅爾帕以為皮薩羅嫌少，便指著囚室牆壁接近屋頂的地方說：「我可以用各種黃金製品堆到那個高度。」那間房子需要40萬公斤的黃金才能堆滿。

　　只用了短短三個月的時間，印加皇帝就履行了諾言，陳塔雅爾帕命令部下從印加各地，日夜不停的送來成色最好的黃金13265磅，白銀2600磅，很快就堆滿了房間，連皮薩羅都沒想有想到印加帝國竟然如此富有。

　　印加人是拉丁美洲的土著居民，他們在11世紀建立起強大的奴隸制印加帝國。印加人崇拜太陽神和月亮神，他們認為金子如同太陽的光輝，因此不論是建造神廟和宮殿，還是平常隨身佩帶的物品，都大量使用黃金。

　　據說，印加人從11世紀起就開始世代收藏黃金，如果把印加所有

的黃金累計起來，其價值相當於當時世界其他地方金子的總和。正由於這樣，哥倫布發現新大陸以後，印加人的災難就降臨了。

西班牙冒險家弗朗西斯科‧皮薩羅皮薩羅率領180個驍勇善戰的士兵，帶著當時歐洲最先進的大炮、火繩槍、利劍，離開了巴拿馬向秘魯挺進。走前，他聽兩個被俘的印第安人講：從這裡一直往南走有一座黃金城。這更增添了他征服印加帝國的決心。

此時，印加帝國正處於內亂之中，野心勃勃的阿塔瓦爾帕為了奪取國王的寶座，挑起一場「兄弟之戰」，在戰鬥中俘獲了他弟弟瓦斯卡。對皮薩羅來說，這場內訌簡直是天賜良機。

印加帝國的內亂，使國王忽視了外來的威脅。阿塔雅爾帕沒有設置任何障礙，反而派出一名印加貴族攜帶禮品去迎接皮薩羅，邀請這些侵略者來到卡哈馬卡城。

皮薩羅邀請皇帝次日在卡哈馬卡城中央廣場會晤，阿塔雅爾帕爽快的答應了，並許諾不帶武器前來與皮薩羅和平見面。皮薩羅看出印加人對他這個侵略者沒有任何防範和戒備，於是制定了一個大膽、卑鄙的計劃，事先佈置好三隊騎兵埋伏在廣場周圍，設好誘捕印加皇帝的圈套。

第二天中午，阿塔雅爾帕帶著三、四萬人來到廣場，他坐在轎子裡一副悠然自得的樣子，絲毫沒有大難臨頭的緊張氣氛。

皮薩羅馬上發出進攻信號，三隊騎兵向阿塔雅爾帕衝殺過來，印加皇帝的士兵還沒來得及動手，阿塔雅爾帕就成了皮薩羅的人質。

皮薩羅收到印加皇帝的鉅額贖金，他真的能兌現諾言釋放印加皇

帝嗎？

　　侵略者是不講信用的，皮薩羅收到贖金後，毫不猶豫地將印加皇帝處死。印加人這才看清楚這幫侵略者的真正面目，於是，他們把更多的黃金隱藏了起來。

　　皮薩羅把皇帝交出來的黃金熔鑄成便於攜帶的金錠。隨後，貪婪的皮薩羅又把魔爪伸向了印加首都庫斯科城。庫斯科城是印第安人建造得最宏偉、最壯觀的城市。

　　1533年，皮薩羅率領480名士兵進入庫斯科城，瘋狂地洗劫了這座城市。他們拆光了庫斯科神廟、神殿，搶走了皇宮內所有的金器、金像和珍貴物品，就連皇室陵墓內黃金和寶石的木乃伊也在劫難逃。

　　皮薩羅的兄弟佩德洛・皮薩羅留給後人一段記載，講述了他們進庫斯科城的情景：「我們看著這麼多的金銀器皿簡直都嚇呆了，儘管最出色的器皿已被印第安人帶走了。我們還發現了一尊金塑像，那是印加王朝的始祖像。我們還發現了一些金螃蟹，以及裝飾著鳥、蛇、蜘蛛、蜥蜴和其他昆蟲的金器皿。所有這些珍貴東西都是在庫斯科城郊區的一個洞穴裡找到的。一個印第安人對我們說，在靠近維拉貢加鎮的一個洞穴裡，還隱藏著大量金板。但是，告訴我們這個情報的印第安人幾天後便失蹤了。總之，印加人把金銀財寶隱藏起來了，讓人再也無法找到。祭司讓奴僕們把金銀財寶運到隱藏地附近，隨後再讓另外一些印第安人替換他們。這些印第安人把財寶藏好以後，便遵循主人的命令，毫無怨言地吊死或跳崖自盡了。在這個國家裡藏著數不盡的財寶，但是，只有奇蹟才能使我們找到它們。」

1768年，有人提出一種假設：認為印加人最後的避難所，是傳說中的維爾卡班巴城。可是這座城市又在哪裡？

　　雖然這只是人們的一種假設，但是有很多探險家開始付諸行動，尋覓他們夢想中的印加寶藏，美國人賓海姆就是其中的一個。

　　1909年，美國青年學者賓海姆在途經秘魯的阿普里馬克時，該省的省長向他談起傳說中曼科建立的城市。

　　回到美國後，賓海姆一直沒有忘記這件事，他查閱了大量的資料，經過兩年的準備，組織了一個科學考察隊，再次回到秘魯。賓海姆從庫斯科出發，沿著曼科當年躲避皮薩羅的路線前進。在一條山間小路旁，他們遇到一位印第安人。令人難以置信的是，賓海姆只花了幾個銅錢，就得到了印第安人世代保守的烏魯巴姆巴吾谷中最大的祕密。

　　這個印第安人帶領著賓海姆的考察隊來到一個神祕的地方，賓海姆發現的不是幾座建築物，而是一座高聳入雲的印加古城，舉世聞名的馬丘比丘古城。

　　馬丘比丘古城位於庫斯科的高原上，海拔2280公尺，兩側有高約600公尺的懸崖，峭壁之下是烏魯班巴河。在這沒有人煙的地方，印加人卻建起了他們的城市。從遠處看起來，馬丘比丘古城似乎隨時都可能從狹窄的山脊上滑下萬丈深淵。古代印加人怎麼能在絕頂上建造城市？

　　四年後，賓海姆再次來到馬丘比丘古城，他無法肯定自己是否真

的找到了印加人最後的避難所維爾卡班巴。

　　考古學家正準備在馬丘比丘古城探尋印加帝國寶藏時，安第斯山脈又有了重大發現。一批農民到秘魯北部去尋找耕地，途中發現了龐大的印加古城大帕哈頓。從空中測量，大帕哈頓的古代建築遺跡至少有300座，散佈在7座大山中。

　　人們迷惑了，到底哪裡是印加王朝最後的避難所？曼科究竟把黃金埋藏在哪了？人們還不能給這些問題作出滿意的回答。

日
軍的祕密寶藏

在東南亞的深山密林裡，經常有世界各地的冒險家出沒，尤其引人注意的是，在這些神祕的隊伍裡，竟然有泰國政府派來的一支探險隊。

泰國政府為什麼要如此興師動眾？他們究竟要搜尋什麼？

20世紀末的一天，泰國首都曼谷，操瓦立參議員的家裡來了一位特殊的客人，那是一位德高望重的老僧。這個老和尚向參議員講了一個聽起來有點像天方夜譚般的藏寶故事。他說，他來的目的是想向泰國政府提供一批巨寶，因為他知道當年侵略泰國的日軍祕密藏寶洞！

這也太奇怪了，怎麼會有這麼傻的人呢！當時，參議員聽完老和尚的話，馬上就起了疑心，他懷疑這個老和尚是不是別有用心？老和尚似乎看透了參議員的心思，平心靜氣的解釋說，他是個沒兒沒女的出家人，對寶藏並不感興趣，他真的是為了國家的利益。

那麼，他是怎麼發現這個祕密藏寶洞的呢？原來，老和尚曾經救過一個人的命，此人當年曾多次替日本人當過嚮導，在九死一生中竟然奇蹟般逃脫了日本人的魔掌。為了感謝老和尚救命之恩，他領著老和尚和他的四個夥伴，來到一處名叫利差亞的地方，此地位於泰緬邊境棟帕蓬鎮和桑科布里鎮之間的公路附近的一處密林裡。這個地方就是藏寶洞的祕密入口，入口處寬約3公尺。

老和尚説，幾年前他跟著這個人來到洞裡時，還沒進去，就被洞外的情景嚇得魂飛魄散，在山洞外到處是死人的骸骨。聽那個人説，這些屍骨都是參與埋藏寶藏的日本人和泰國人。

　　老和尚跟隨著那個人走進洞裡，裡面寒氣逼人，陰森黑暗，洞裡有成箱的日軍軍火和放得整整齊齊的炮彈，還有日本侵略軍當年燒殺搶掠得來的珠寶、鑽石和成堆的金錠。

　　最奇怪的是，洞裡居然還有一列當年的火車。看來，這列火車開進這個藏寶洞之後，就一直停在這裡，旁邊有好幾輛當年的軍用卡車。老和尚和同伴們壯著膽子爬上了火車，掀開一看，裡面全是黃金和貴重物品。

　　操瓦立被老和尚講的傳奇故事嚇呆了，他覺得自己在做夢。當然，表面上他還是非常鎮定，一面向老和尚表示感謝，一面説這件事非同小可，需要向他的上級匯報，才能決定如何行動。

　　老和尚一離開房間，他就開始調查此事。他把利差亞地區駐軍的領導、當地的官員和村裡的頭頭們全部找來，説是讓他們參加「重要會議」。

　　幾個小時的會議結束之後，證實老和尚説的是真話，利差亞山洞附近的泰國、緬甸邊防軍發現在過去的五十多年裡，經常有日本所謂的「植物考察隊」、「動物考察隊」、「地形考察隊」等名目繁多的人，成批地潛入這一地區。邊防軍説，他們多次捕獲非法潛入邊境地區的日本祕密團伙，這些日本人無一例外對什麼考察都不感興趣，卻唯獨對當年泰緬「死亡鐵路」沿線的某些祕密洞窟流連忘返。

而曾為這些日本人當過嚮導的村民們也感到非常蹊蹺：這些所謂的「科研考察隊」從來就沒有過問過當地的植物、動物或者地形地貌，而是拐彎抹角的想從村民嘴裡，套出當年日軍在這裡的活動情況、有關日軍藏寶的離奇傳說、利差亞山洞的情況等。

　　還有，村民們反映，這些所謂的「科學家」、「植物學家」、「地理學家」的表現極不正常，一點也不光明磊落，行動起來總是鬼鬼祟祟、探頭探腦，好像總不敢見人。總是一到目的地就立刻將帶路的嚮導轟走，然後掏出來大批奇形怪狀的儀器對著地下山洞四處亂探，見到有人來，就馬上裝出若無其事的樣子。儘管他們打著考察的幌子，卻對動植物最基本的普通常識都說不出，這一點是無論如何也騙不了當地人的。

　　澳大利亞著名的泰緬「死亡鐵路」研究專家羅德‧比特里說，他多次聽村民們說過日本人在祕密叢林裡，尤其是在鐵路沿線附近，手裡拿著儀器不停地轉來轉去。其中一次，在桂河鐵路大橋附近一個當年的戰俘營旁，一群沒有經過當地政府批准的日本人，一邊看一張地圖一邊緊張地勘查著什麼。當地警察聞訊趕來時，日本人聞風而逃。

　　儘管這位澳大利亞人認為，到目前為止尚無確鑿證據說明叢林裡隱藏著大量的財寶，但他證實說：「當年參加鐵路設計的一名日本工程師曾說，日本人曾用黃金葉作為工資付給他們，他還記得自己有一次一不心，陷進了齊腰深的金錠堆中的情景。」

　　此事很快引來日本、泰國、緬甸和美英等多國有關人士的興趣，但很多參加過二戰的軍事學家卻對這個傳說半信半疑。他們知道，

1944年至1945年間，英國將軍威廉‧斯林姆率領的盟軍向中南半島迅速推進，日軍從緬甸節節敗退，日軍確實在沿途祕密隱藏了大量不易攜帶的槍炮彈藥和其他物品。但是，由於當年負責埋藏的日軍不是戰死就是老死，少數知情的當地民工都被日軍殺死，五十多年過去了，這些軍火、物品早已不知下落。

操瓦立最終還是聽了老和尚的話，相信利差亞山洞確實隱藏有當年侵略軍掠奪來的東西，雖然現在無法證實到底是不是真有鉅額財寶，但起碼有日軍當年悄悄隱藏起來的槍炮彈藥或者其他的侵略罪證。

操瓦立說服了有關部門，不但在泰國激起一股尋寶熱，操瓦立和林業部長兼教育部副部長普羅為拉索‧蘇拉薩萬提之間，為尋寶還引發了一場震驚朝野的政治鬥爭。

原來，泰國教育部副部長普羅普拉索‧蘇拉薩萬提實際上早在老和尚現身說法之前的1996年就堅信利差亞有日軍的祕密藏寶，並暗中進行了長達數個月的尋寶行動，卻沒有找到藏寶洞。在他離開教育部副部長職位之前，又做了各種嘗試，但仍然沒有什麼進展。不過，他並沒有死心，當老和尚的傳說在泰國人人皆知時，他來個先發制人，還沒等操瓦立採取行動，他搶先批准八名尋寶隊員前往利差亞山洞尋寶。

他萬萬沒想到，在洞裡會發生一幕悲劇。八名尋寶隊員一個接一個爬進洞穴的深處，剛爬到裡面沒多遠，就感到悶得喘不上氣來。最後進洞的兩名隊員一看不對勁，趕緊拚命往回退才保住性命。先進入

洞的六名隊員全部被困在洞中窒息而死。

慘禍發生之後，操瓦立和普羅普拉索‧蘇拉薩萬提之間立即展開激烈的相互攻擊。普羅普拉索指責操瓦立聽信老和尚的話；而操瓦立反駁說，普羅普拉索沒有權力批准任何人進行程序不規範的尋寶活動；對此，普羅普拉索反駁說，他的尋寶行動是經合法批准的。其中一次是由他的林業部批准的；另一次是泰國自然礦產部批准的，後者光是從自然礦產部租用科學探測儀就花掉了40萬泰銖。

操瓦立當時表示，他一定要徵得政府的同意開展新的尋寶行動。他說：「我這就打算讓泰國政府和最高法院判斷誰可以去尋寶。」

在他們兩人激烈辯論期間，非法尋寶造成人員傷亡的事件不斷發生，2001年新年剛過，又發生三名尋寶者死亡、四人重傷的慘劇，泰國政府決定要正式開始尋寶。

普羅普拉索卻突然向曼谷官方媒體宣佈：「既然操瓦立參議員這麼相信藏寶就在山洞裡，我準備批准他的尋寶計劃，但操瓦立參議員必須對可能給山洞造成的破壞負責，而且還得說清楚準備用何種方式進行尋寶行動。」

操瓦立說出了自己的行動方案：「我們將使用重型機械掘開石頭和沙土，考慮到洞內有炸彈或者祕密埋設的地雷陣，我們不打算用炸藥炸開入口。整個行動大概會持續一個月。」

他在接受曼谷媒體採訪時表示：無論如何，這次尋寶行動都會得出結論。如果真的找到了失落的藏寶，那麼他將把他得到的所有的財富全部無償捐給政府，幫助泰國償還因為金融危機而負擔的外債；如

果沒有找到藏寶，那就證明了流傳了五十多年的傳聞是假的，就會讓所有的尋寶人從此打消冒險的念頭，再也不會因此而送命。

這個神祕的山洞裡到底埋藏著什麼？它是一個要人命的死亡之地還是一個堆滿金銀財寶的寶地？謎底還沒有揭曉，人們期待著這一天能很快到來。

「阿波丸」號沉船寶藏

　　二戰已接近尾聲，一艘掛著太陽旗的運輸船，悄悄駛入台灣海峽。它就是有名的「阿波丸」號，被稱為「幸運之神」。

　　「阿波丸」號裝載800多噸物資，從日本門司起航，途經台灣、香港、西貢、新加坡，到達印度尼西亞雅加達港口。駛向東南亞，並從東南亞帶回2000名乘客。同時，它還祕密的裝運了300噸橡膠、3000噸錫錠、2000噸鋼鐵、還有40噸黃金、12噸白銀、50箱工業鑽石、50箱珍珠瑪瑙和貨幣，總數達50億美元。

　　「阿波丸」號駛入台灣海峽，在值班巡邏的美國「皇后魚」號潛艇發現了「阿波丸」號。經過測定，行駛目標航速達18海里，拉福林認為一般非軍事船隻沒有如此快的航速，他們斷定這是一艘日本的驅逐艦。艇長拉福林命令緊緊跟蹤這個目標。

　　「阿波丸」號船長發現「皇后魚」號已逼進，但是他並沒有在意，照樣快速前進。「皇后魚」號發出「停船檢查」的訊號，「阿波丸」號船長置之不理。拉福林艇長立即下令「魚雷攻擊」，四枚魚雷擊中「阿波丸」號，船斷為兩截，慢慢地沉入海底。

　　「阿波丸」號上裝載著什麼？為什麼「阿波丸」號對「皇后魚」號發出的受檢信訊置之不理？難道阿波丸上隱藏著什麼驚世的祕密？

　　1972年，美國總統尼克森首次訪華期間，外電紛紛報導說他帶給

中國一份厚禮，衛星探測出「阿波丸」號沉船的準確位置。據美國人講述，「阿波丸」號船上有三個特製的保險專櫃，裡面有貴重物品。

美國和德國的另兩位潛水專家，也都寫信給中國政府，他們提供資料斷定：「阿波丸」號上裝有黃金40噸，白金12噸，未加工鑽石15萬克拉，工藝品40箱，錫3000噸，橡膠2000噸。鋁2000噸，還有美、英幣數捆。1976年，美國《共和黨報》也報導了「阿波丸」號上裝載黃金40噸，白金12噸，工業金剛石15萬克拉，還有大捆紙幣、人工製品、工藝品、寶石40箱。

但日本在向外界提供的資料聲稱，「阿波丸」號上主要裝載有新加坡的貨物9812噸，其中有橡膠、錫、鋁、大米。另外船上還有3個金庫，專放一些貴重物品、金幣、外幣等，並沒有提及26卡車的黃金。

中國政府向世界公佈，準備打撈已沉船的「阿波丸」號。此項工程為「7713工程」。

1977年3月，中國打撈公司的調查船和海軍合作，奔赴沉船地帶。經過一個多月的勘察、測量，終於發現了目標。歷時三年，「阿波丸」號才被打撈上來。

可令人疑惑的是，「阿波丸」號船身上莫名其妙的多了一個洞，對照當年的存貨記錄，其他貨物全部找到，但唯獨沒有找到傳說中的40噸黃金、12噸白金，以及大批的工業鑽石的蹤影。

從「阿波丸」號裝上貨到被擊沉，中間並未停靠岸，那麼40噸黃

金怎麼會不翼而飛呢？會不會有人趕在中國政府之前把它拿走了呢？

　　潛水員在第一年打撈的時候就曾發現了兩樣東西，一個是重裝潛水員的鞋底，還有一個證物是從露天駕駛台通往駕駛台的傳話筒。

　　對這種推測，有人認為在現實中成立的可能性並不大。因為打撈「阿波丸」號並不是件輕而易舉的事，需要有正規的打撈船在沉船海域長時間的作業，而牛山海域所處的位置也決定了任何在這一海域的活動，都很難避開台灣海峽兩岸軍隊的監視。

　　究竟有沒有人搶先進行過打撈、他們到底是誰？最終找到了什麼？直到現在，這些問題也沒有確切的答案。

The Myth of
Secret Treasure

皇室
寶藏之謎

Chapter 7

哈
布斯堡家族寶藏

　　到維也納旅遊的人必定要去參觀藝術史博物館，它位於維也納中央廣場，收藏著哈布斯堡王朝的珍品，其藏品的豐富與珍貴在歐洲首屈一指。鑲嵌著藍寶石的純金皇冠、碩大的綠寶石以及各種做工精美的金銀餐具、器皿等，令幾百年後的人們嘖嘖稱奇、歎為觀止。

　　哈布斯堡家族收藏的最古老一件藝術品是一支叫「奧立凡特」的號角，1199年，由哈布斯堡家族的阿爾伯切特三世伯爵，送給一個瑞士大寺院，五百多年後又被作為禮物送還給哈布斯家族。號角本是中世紀人狩獵時普遍使用的東西，但這個號角卻非同尋常，它是用象牙做的，花紋極其複雜精美。

　　16世紀以前的收藏品十分稀少，因而也就格外珍貴。其中，一只水晶高腳杯原屬於弗雷德里希三世，它的做工精巧，底座上刻著弗雷德里希三世那句豪氣沖天的銘言：「奧地利帝國注定將統治世界。」奧地利確實也在世界上扮演著上帝的代言人角色。它成為歐洲歷史上統治時間最長、人口最多、領土最為廣大的一個王朝。

　　公元996年，奧地利這個名詞首次在歷史文獻中出現。在此之前，奧地利是古羅馬帝國的將士們抵禦北方克爾特人侵襲的堡壘。隨後，這裡陸續居住過魯吉爾人、黑魯勒爾人、倫哥巴人、斯拉夫人和阿瓦爾人。976年，卡洛林王朝的奧托一世皇帝，把這塊土地作為封

地賜給了巴奔堡家族。13世紀初巴奔堡王室絕嗣，哈布斯堡王朝建立。魯道夫·哈布斯堡在打敗了波希亞人之後，開始了此後持續六百餘年的哈布斯堡家族的統治。

哈布斯堡家族強大的實力與明智的外交政策，使他們的版圖迅速的擴張起來。哈布斯堡家族擴展自己勢力的一個有效辦法是聯姻。馬克西米利昂一世娶勃艮第的公主瑪麗亞為妻，獲得了法國、尼德蘭、比利時的大片領土。他的兒子菲利浦的婚姻又帶進了西班牙的大片領土。到了他的孫子卡爾五世的時代，哈布斯堡已經成為歐洲最強盛的一支王族。卡爾五世不僅是德意志神聖羅馬帝國的皇帝，同時還是西班牙國王和那波利、西西里、沙丁的統治者。西班牙在南美的殖民地也因此進入了奧地利的版圖。當時流行的一句話正好說明哈布斯王朝的用心：「啊，幸福的奧地利，結婚吧！」

聯姻政策不僅為哈布斯堡家族帶來廣大的領土，也使其財政獲利豐厚。馬克西米利昂娶了法國勃艮第公爵的女繼承人瑪麗勃艮第，她不僅為奧地利帶來了法國、尼德蘭、比利時的大片領土，其豪闊的嫁妝也著實讓哈布斯堡家族大撈一筆。據說，瑪麗的嫁妝足足裝了400輛車子，金銀、琺琅、水晶、瓷器等琳琅滿目，美不勝收。勃艮第家族的奇珍異寶讓馬克西米利昂大開眼界，他抓住這次機遇，把它視為難得的一次外交機會。後世很多學者認為，馬克西米利昂，成為舉世聞名的哈布斯堡家族豐厚收藏品的奠基人。今天人們在維也納博物館珍藏的一只高腳杯上，可以看到馬克西米利昂的畫像，這只杯子也被稱為「馬克西米利昂高腳杯」。金杯的周圍點綴著金珠，從杯蓋上伸

出掛著一個石榴的樹枝，象徵著王室的美德。這件藝術品是文藝復興時期著名畫家辛勒的傑作，藝術價值非常高。

18世紀初，哈布斯堡王朝領土空前廣大，一派太平盛世景象。哈布斯堡家族開始向藝術領域涉足。自查爾斯五世開始，歷朝歷代的王室成員都悉心收藏珍寶，家族甚至於1364年作出規定：「不管我們當中的哪一個人擁有珠寶、現金或財產，也不管我們是買來的還是佔有的，這些東西，包括珠寶、金幣、銀幣、金飾、銀飾、寶石、珍珠，不論何種形式、何種樣子，它們都是我們的共同財產。」

有兩件特別的東西是哈布斯堡家族的傳家之寶。一件是獨腳獸之角，因其神祕與稀有，在中世紀有著豐富的神話與宗教內涵；另一件是一只巨大的瑪瑙碗，此碗大約造於公元3世紀羅馬帝國時期，到哈布斯堡王朝時期它已經是一個有900年歷史的老古董，所以顯得分外珍貴。這兩件稀世珍寶被哈布斯堡家族代代相傳，並定下永不許割讓、典當或出售的家訓。

在哈布斯堡家族的歷史上，狂熱的藝術品愛好者和贊助者比比皆是，馬克西米利昂的女兒瑪格麗特，是哈布斯堡家族第一個偉大的藝術品愛好者。還有斐迪南二世大公，他將終生的精力都放在收集和製作珍寶上，他的許多日用品都是一件件精美絕倫的藝術品。

瑪利亞‧特蕾西女王是哈布斯堡家族統治歷史上，最具有聲望的一位國王，被稱為「國母」。她執政期間推行一系列促進商貿、改良機構、普及教育的政策，為奧地利歷史寫下了輝煌的一頁。同時，她還是16個孩子的母親，她為他們精心安排了與歐洲各王室的聯姻，確

保了奧地利帝國的強大與和平，而哈布斯堡帝國的勢力也因此擴大至整個歐洲。他們的足跡留在了歐洲各國的藝術博物館裡，比如在西班牙的普拉多博物館，其奠基者就是哈布斯堡王朝。自1819年開館後，皇室藏品逐漸移入館內。然後透過國家從藝術市場或展覽會選購，或由私人捐贈，館藏日豐。

哈布斯堡家族收藏中有一塊巨大的天然翡翠，它出自著名的雕刻家狄奧尼索米索羅尼之手，這塊翡翠重達2600克拉，是非常罕見的曠世奇珍。雕刻這塊翡翠的米索羅尼整整花了八年時間，他隨著翡翠的天然形狀，將它雕成瓶子的形狀，通體碧綠晶瑩，美不勝收。

有繁榮就必將有衰敗，這個統治歐洲六百多年的家族，在一系列的滄桑巨變中逐漸走向沒落。

1914年，奧匈帝國哈布斯堡家族成員弗朗西斯斐迪南大公在薩拉熱窩被暗殺，成為第一次世界大戰的導火線。一戰結束後，帝國解體，成立共和國。哈布斯堡家族最後一位國王卡爾一世被迫流亡，哈布斯堡家族退出了歷史的舞台。

一則新聞，重新勾起世人對這個龐大家族的好奇。人們又開始關注哈布斯堡家族的後裔流落到何方？過著怎樣的生活？

2003年7月，一個重大話題佔據了捷克大小報刊的頭條：哈布斯堡家族的後裔，弗蘭茨·尤爾瑞奇·肯斯基要求收回原屬於哈布斯堡家族的財產，總價值高達15億歐元。弗蘭茨·尤爾瑞奇·肯斯基被媒體稱為「憤怒王子」，其曾祖父是維也納哈布斯堡王朝的成員費迪南

王子。斐迪南王子去世時，留給子孫一份遺產。經歷兩次世界大戰之後，這份遺產早已被戰火與時局蠶食殆盡。

弗蘭茨·尤爾瑞奇·肯斯基4歲時就被流放。如今，時隔近一個世紀，他舊話重提，向捷克政府要求歸還應屬他名下的財產。這一份清單包括6座城堡以及城堡裡的古董傢俱、金銀器皿、11件價值連城的17世紀地毯、277幅由哈布斯堡王朝收藏的油畫和木刻。最後還有他所認為的其他零碎產業：數幢大大小小的樓房，12000公頃的土地和森林。其中，最值錢的布拉格堡，這是布拉格最美的古建築之一，被公認可以和巴黎羅浮宮媲美，這個建築群的局部現在正分別被用作國家博物館及總統的官邸。法庭雖接受肯斯基的控告，公開審理此案，但結果卻難以預料。無疑，這是令捷克政府不勝負荷的訴訟，也將是一場曠日持久的官司。

德
川幕府的寶藏

在日本，赤城山不以高大雄偉出名，而是以傳說中天文數字般的藏金量出名。據說，赤城山埋藏著40萬兩的黃金，相當於現在的100兆日元。

日本人為什麼要把這麼多的黃金埋藏在赤城山下呢？

德川幕府統治末期，世界的金銀兌換率為1：15，而日本僅1：3，日本國內存在黃金大量外流的現象，為了阻止這種消極現象，也為了貯備財產以利於軍備，「大老」（幕府最高執政官）井伊直弼便以貯存軍費為名，極其祕密的制訂了埋藏黃金計劃。

赤城山成為井伊直弼埋藏黃金的首選之地。原因有四個：第一，赤誠山是德川幕府為數不多的直轄領地之一；第二，它是德川家族世代聚居地，易於保守機密；第三，赤城山地處利根川和片品川兩河之間，有連綿起伏的高山作屏障，是易守難攻的軍事安全地帶；第四，它是德川幕府不得已全線潰退後的最後防禦之地。

井伊計劃祕密藏金期間，他被倒幕派武士刺死在江戶的櫻田門外。他的屬下林大學頭和小栗上野介繼續執行埋金計劃。此後不久，德川幕府終於被倒幕派推翻，新政府改江戶為東京，明治政府上台，赤城山藏金也就成了一個世紀之謎。

這批作為軍費而埋藏的黃金總數到底有多少？據記載，當時從江

戶運出了360萬兩黃金。小栗上野介的僕人中島藏人在遺言中說：當時從甲府的御金藏中又運出24萬兩黃金，加上其他金製品，估計埋藏黃金總數達400萬兩。

一個多世紀以來，想一夜之間成為富翁的人紛紛來到赤城山尋寶。1905年，島追老夫婦曾在赤城山找到幾個裝有黃金的木樽；1926年，在修赤城山上的公路時，發現日本古時純金薄片橢圓形的金幣57枚。這些證實了赤城山確實藏有黃金。

水野一家祖宗三代對發掘赤城山藏金最熱衷。第一代水野智義是中島藏人的義子，中島藏人臨終前曾告訴他，赤城山有德川幕府的黃金，藏寶點與古水井有關。於是水野智義便萌發了尋找赤城山黃金的信念，變賣大部分的不動產，籌款16萬日元作為尋找黃金的費用。

他首先開始調查與幕府藏金相關的線索，最後得知：1866年1月14日，有30個武士，70 80個工人，還有許多幕府的死刑囚犯，突然出現在津久田原，他們搬運著沉重的木樽22個，重物30捆，在此地停留一年。完工後，害怕洩露祕密，便將所有人處以極刑。

水野智義相信這就是當初埋藏400萬兩黃金的過程。他開始動手發掘，1890年5月，從一口水井北面30公尺的地下，挖出了德川家族的純金像，推測金像是作為400萬兩黃金的守護神下葬的。

不久，又在一座寺廟地基下挖出3枚銅板。水野智義認為這3枚銅板就是指向埋寶地的路標，但是這三枚銅板寓意是什麼卻無人能讀懂。

幾年之後，又在距離金佛像發掘地600公尺處，發現一隻巨大的

人造龜。這就是第一代水野奮鬥一生的尋寶收穫。

第二代水野愛三郎子繼父業，繼續發掘，在人造龜下面發現一個空洞，洞內有五色岩層，不知是自然形成還是人為造成的。

第三代水野進一智子進一步在全國瞭解有關赤城山黃金的傳說，他與人合作，利用所謂特異功能來尋寶，但收穫甚微。水野家三代在赤城山的發掘坑道總計長22公里，卻仍沒有找到藏金地點。

有人用最新的金屬探測器在水野家挖的坑道內發現有金屬反應，經分析此處地層內，存在天然金屬的可能性極小。即使有可能是德川的藏金地點，但這裡地質鬆軟，沒有強大的支撐物也不能挖掘。

這筆數目驚人的黃金埋在哪裡了呢？

無數懷抱黃金夢的尋寶人，還在赤城山上尋找答案。

法
國王冠上的鑽石

法國爆發資產階級革命以後，路易十六和王室成員逃到法奧邊境瓦倫，兩天後被群眾押回巴黎，歷時1500多年的法國封建王朝從此崩潰。

幾天之後，法國制憲議會一位議員向公眾提出了警告：國內外的敵人都試圖奪取王冠上的鑽石。

法國王冠上有世界上最美麗的鑽石和珠寶。法國歷代國王都為在王冠添上新的珠寶感到榮幸，這些稀世珍寶，歷來都是保存在珍寶貯藏室裡。自從路易十六執政以來，這些珍寶就交給忠誠可靠的克雷西看管。

在議員的警告下，制憲議會組成了專門委員會，負責清點保存法國王室的稀世珍寶。經過三個月的緊張工作，共清點出鑽石9547顆，總值達3000多萬法郎。此後，每星期的星期一人們都可以參觀這些珍寶，負責看管珍寶的克雷西對此十分擔心，他怕不法之徒乘機偷走珍寶。可是不知為什麼，忠實的克雷西卻突然被撤職了，由雷斯圖接替了克雷西的職務，他卻是吉倫特派領袖羅蘭的心腹。

1792年9月，路易十六因陰謀復辟而被廢黜。此時，法國處在危機之中，外部面臨歐洲聯盟的入侵；國內山嶽派與吉倫派爭鬥激烈，到處是失業與饑荒、恐怖與暗殺。此時，珍寶貯藏室貼上了封條，但

令人驚奇的是，在如此動亂不安的時期，卻沒有人看守這些奇珍異寶。

9月17日，內務大臣羅蘭在國民議會突然宣佈：「珍寶貯藏室門被撬，鑽石全部遺失！」

據稱，自9月11日深夜至14日深夜，劫匪三次光顧珍寶貯藏室，無人覺察。第一次行竊時，劫匪30多人打扮成國民自衛軍，全副武裝，氣焰十分囂張。15日早晨，巴黎街頭出現了低價的鑽石，才引起人們注意。警察分局局長塞爾讓只大略的到現場看了一下，並未作任何調查。16日，當盜匪第四次「光臨」時，被國民自衛軍巡邏隊抓獲。至此，羅蘭才於17日宣佈珍寶被盜。

這起駭人聽聞的盜竊案，確實令人匪夷所思，並引起人們一系列的疑問：為什麼議會事先提出珍寶被盜的警告？為什麼忠實可靠的克雷西被撤職？為什麼不派人看守珍寶貯藏室？為什麼警察局局長對此案十分冷淡？為什麼會連續發生四次盜竊案？誰是幕後策劃者？盜竊案發生後，內務大臣羅蘭和國防大臣丹東卻互相指控是對方的責任。

幾天之後，刑事法庭判處兩名盜賊死刑，次日執行。但在囚車上，囚犯向庭長供出了藏在他家廁所的一袋鑽石，共有一百多顆。不久，珍寶貯藏室守衛長、警察分局局長的塞爾讓收到了一封匿名信，指出在弗夫大街的陰溝裡有一大堆珍寶。塞爾讓前去取寶，並明目張膽的將一件美麗的瑪瑙工藝品據為己有。

不久，警察逮住了一名叫勒圖的罪犯，他供出了一個17歲的盜賊。警察前去逮捕這個年輕人時，他的父親大發雷霆，聲稱要揭發一

椿聳人聽聞的大案。十分奇怪的是，第二天早上，父親被人毒死，兒子也死在監獄。這一連串的事情，使人感到莫名其妙。

珍寶被盜的時候，法國正處於內憂外患、形勢危難的時候。人們只知道拿破崙指揮瓦爾密戰役的勝利，拯救了巴黎和法蘭西民族，然而，瓦爾密戰役勝利的奧祕，過去、現在以至將來也永遠不會被揭開。

歷史學家和軍事指揮家都做過分析：當時敵人只遭到了輕微的損失，就立即撤退了，這是毫無道理的。從戰略上講，敵方指揮官布倫斯維克也不應發佈撤退命令，拿破崙當時也讓人無法理解。這使人懷疑在戰線後方是不是進行了某種交易。

事實上，當雙方軍隊打仗時，舉行了一次祕密會議，法國給敵軍一大筆錢，讓敵軍撤退。8月11日，法國特使答應付給從杜伊勒利宮掠奪來的3000萬法郎。貪得無厭的敵人卻嫌這些錢太少了，法國議員帕尼斯知道這筆交易後，就建議再從珍寶貯藏室裡拿出一部分珍寶，他的建議被採納了。事後，一位男爵在回憶錄中披露了此事：「還需要搜集相當大的一筆錢來賄賂普魯士大臣。珍寶貯藏室的鑽石正好可以提供這筆錢！」

9月17日，羅蘭宣佈珍寶貯藏室失盜。一週之後，普魯士和法國舉行了瓦爾密會議，於是出現了瓦爾密戰役神祕的勝利。有人認為，國防大臣丹東祕密策劃了9月11日夜間的入室盜竊，然後讓普通的盜賊進行後幾次偷盜，以便把事情攪亂。

那麼，丹東後面是否還有更強有力的對手？

1805年，一夥製造假鈔票的罪犯被判處死刑，其中有一個名叫巴巴的罪犯公開說道：「如果我被判死刑，我將請拿破崙皇帝寬恕。沒有我就沒有拿破崙的皇位！」

法官和觀眾都嚇得呆若木雞，為巴巴的欺君之罪捏了一把冷汗。但他還繼續說：「我是珍寶貯藏室的劫匪之一，我幫助同夥把雷讓鑽石和我熟悉的其他珍寶，埋藏在弗夫大街，這些珍寶的所有權已被出賣。根據給我特赦的諾言，我提供了埋藏珍寶的地點。雷讓鑽石已從那裡取出。法國6月政變之後，當時拿破崙為了得到急需的資金，就把這顆漂亮的鑽石，典押給荷蘭政府了。」

最後，巴巴沒被處死，而是關在比塞特爾，並受到了良好的待遇。那麼，他的這番意味深長的話是真是假？這又是一個難解之謎。

路
易十六的寶藏

　　1774年路易十六登上法國國王寶座時，法國封建制度已危機四伏，新興資產階級對專制制度日益不滿，國內政治動盪，社會極為不穩定。但就是在這種情況下，路易十六仍然四處搜刮金銀財寶，過著十分豪華的生活。1789年路易十六召開等級議會，要增加資產階級和平民的賦稅，從而引發了資產階級革命。迫於無奈，路易十六表面上接受立憲政體，實際上卻絞殺革命者。1791年6月他逃亡到法國瓦倫，被群眾押回巴黎。9月被迫簽署憲法，但仍計謀復辟。1792年9月路易十六被正式廢黜，次年1月被處死在巴黎革命廣場。

　　路易十六雖然死了，可是他的寶藏卻仍然活在人們的心中，成為尋寶史上最著名的寶藏之一。

　　關於他的財寶，眾說紛紜，莫衷一是。藏寶地點，至少有幾個地方，有的甚至不在法國，而在西班牙。據說，他的行宮羅浮宮曾埋藏著一筆價值超過20億法郎的財寶，包括金幣、銀幣和一些價值連城的文物。不過，流傳最廣的還是路易十六隱藏在「泰萊馬號」船上的財寶。「泰萊馬克」號是一艘噸位達130噸，長26公尺的雙桅帆船。這艘船偽裝成商用船，由阿德里安‧凱曼船長駕駛。1790年1月3日，滿載財寶的「泰萊馬克」號，在經塞納河從法國里昂去英國倫敦途中，在法國瓦爾市的基爾伯夫河下游被潮水沖斷纜繩出事沉沒。

「泰萊馬克」號由一艘雙桅縱帆船護航，在港口受到革命者檢查時，曾交出一套皇家銀器。船上隱藏著路易十六的一批財寶和瑪麗‧安托瓦內特王后的鑽石項鏈。

　　據推斷，這艘船上的財寶包括以下物品。國王路易十六的100萬公斤的黃金；王后瑪麗的一副鑽石項鏈，價值為60萬公斤的黃金；金銀製品有銀器以及朱米埃熱修道院和聖馬丁‧德‧博斯維爾修道院的祭典聖器；50萬金路易法郎；五名修道院院長和流亡大貴族的私人珍寶。

　　這些財寶的確存在，毫不誇張，這已經得到路易十六的心腹和朱米埃熱修道院一名修道士的證實。一些歷史文獻和路易十六家僕的一位後裔也認為，路易十六當年確把這筆財寶藏在船上企圖轉移出國。據說，「泰萊馬克」號沉沒在基爾伯夫河下游，瓦爾市燈塔前幾公尺深的河底淤泥裡。

　　1830年和1850年，人們都爭先恐後的企圖打撈這艘沉船。但是，在打撈作業中，纜繩都斷了，結果沉船重新沉沒到水底。

　　1939年，一些尋寶者聲稱他們已經找到了「泰萊馬克」號沉船的殘骸，但沒有確切證據顯示，他們找到的就是「泰萊馬克」號，要找到路易十六的寶藏絕不是一件輕而易舉的事。

神祕消失的
寶藏之謎

不
祥的藍寶石

　　「希望」藍鑽石是世界上屈指可數的鑽石王之一。1947年，「希望」藍鑽石的標價為1500萬美元，這是它的最後一次標價。

　　自從1947年後，「希望」藍鑽石再也沒有被拍賣過。1958年，「希望」藍鑽石的主人，美國珠寶商海里‧温斯頓把它捐贈給了華盛頓史密斯研究院。在該院的珠寶大廳裡，「希望」藍鑽石陳列在一個防彈玻璃櫃裡，它散發出的幽幽藍光，彷彿在向來自世界各地的遊客訴說著它那神祕曲折的經歷。

　　「希望」藍鑽石出土已經500年了。一天，一位老人從基伯那河畔的一座廢棄的礦井旁路過，偶然向礦井裡看了一眼，發現一塊閃光的石頭。他拿到工匠那裡經過一番仔細辨別，原來這塊石頭是一枚藍鑽石。老人讓工匠將鑽石進行粗加工，加工後的藍鑽石重達112.5克拉。

　　老人去世後，他的三個兒子為這枚鑽石大打出手，結果鑽石被族長充公，下令鑲嵌在神像的前額上。一天深夜，有個年輕人偷走了鑽石，幾個小時之後，他就被守護神像的婆羅門抓獲，活活被打死，他成為藍鑽石的第一個犧牲者。藍鑽石重新被鑲嵌在神像的前額上。

　　17世紀初，一個法國傳教士用斧頭劈死了兩個婆羅門，用沾滿鮮血的手從神像的前額上摳下藍鑽石。傳教士將藍鑽石帶回了家鄉，不

久之後，在一個雷雨交加的晚上，他被割斷了喉嚨，藍鑽石也不知去向。

　　四十年後，藍鑽石落入巴黎珠寶商瓊‧泰弗尼爾手中，他將鑽石賣給了法國國王路易十四。幾年後，瓊‧泰弗尼爾到俄國做生意，被一條野狗活活咬死。

　　路易十四對這枚藍鑽石愛不釋手，經過琢磨，把藍鑽石鑲嵌在象徵王權的王杖上，取名為「法國藍寶」。可是沒過多久，他最寵愛的孫子神祕的死去。路易十四承受不住打擊，很快也撒手歸天。

　　路易十四死後，「法國藍寶」落入蓓麗公主的手中。她將鑽石從王杖上取出，作為裝飾品掛在她的項鏈上。1792年9月3日，在一次突發事件中，蓓麗公主被一群平民百姓毆打致死。

　　隨後「法國藍寶」由蓓麗公主的飾品，變成路易十六的寶物。法國大革命風暴把國王路易十六和王后瑪麗‧安東尼送上了斷頭台。「法國藍寶」也在這場大革命中被皇家侍衛雅各斯‧凱洛蒂乘亂竊取。

　　法國臨時政府在清點國庫時，發現「法國藍寶」失蹤，於是貼出告示：凡私藏皇家珍寶者處以死刑。侍衛雅各斯‧凱洛蒂聞訊後寢食不安，後來精神錯亂，自殺身亡。

　　四十年後，「法國藍寶」落入俄國太子伊凡手中。一次，伊凡為了贏得一個妓女的歡心，把「法國藍寶」送給了她。一年後，伊凡另覓新歡，很後悔當初把「法國藍寶」送給了妓女，他決定把藍鑽石要回來。可是，妓女死也不給，伊凡很生氣，拔劍刺死妓女，搶回藍鑽

石。不久以後，伊凡皇太子也在宮中死於非命。

神祕的「法國藍寶」給佔有它的主人帶來的厄運比巫師的詛咒還要靈驗，人們視它為「不祥之物」。儘管如此，還是有很多貪婪的人想要擁有它。

「法國藍寶」從伊凡皇太子手裡轉移到女皇加德琳一世手裡。女皇想把藍鑽石鑲在皇冠上，於是命人將「法國藍寶」送往荷蘭，交給世界一流手藝鑽石工匠威爾赫姆‧佛爾斯進行精心加工。經過威爾赫姆‧佛爾斯的精心雕琢，「法國藍寶」加工後重44.4克拉。經過匠人的精心加工，「法國藍寶」更加光芒四射，它的每個面都閃爍著誘人的藍光。鑽石加工好以後，鑽石匠的兒子帶著「法國藍寶」不辭而別，去了英國倫敦。無法交差的鑽石匠服毒自殺，後來他的兒子在英國也自殺身亡。

英國珠寶收藏家亨利‧菲利浦花了6萬美元，從一個神祕人手中買下了「法國藍寶」，重新命名為「希望」。1839年，亨利‧菲利浦暴斃，他的侄子成為「希望」藍鑽石的主人，將鑽石放進展覽館，後來據說他壽終正寢。

20世紀初，一個叫傑奎斯‧賽羅的商人買下「希望」鑽石，但不久後就莫名其妙的自殺了。

鑽石又落入俄國人康尼托夫斯基手中，沒過多久，此人遇刺身亡。哈比布‧貝買下了「希望」鑽石，接著轉賣給西蒙。傳來消息說，哈比布‧貝及其家人在直布羅陀附近的海中不幸淹死，西蒙在一次車禍中全家喪生。

鑽石輾轉到了土耳其蘇丹阿卡杜拉‧哈密特二世手中，一個王妃為此喪生，蘇丹本人在1909年被土耳其青年黨人殺害。

　　「希望」藍鑽石的下一個主人是華盛頓的百萬富翁沃爾斯‧麥克林夫婦。自從擁有這顆鑽石以後，災難就像影子一樣追隨著他們，他們的兒子和女兒先後遭遇了不幸。

　　1947年，海里‧溫斯頓以1500萬美元買下「希望」藍鑽石，成為鑽石最後的主人。

　　「希望」藍鑽石自問世以來，歷經滄桑，周遊列國，其間更易的主人有幾十人。可是「希望」藍鑽石並沒有給占有它的主人帶來希望，相反，除少數幾個人倖免於難外，其餘的主人都遭到厄運，甚至命喪黃泉。這是為什麼呢？是巧合還是冥冥之中，存在著一種人們還不知道的神奇力量呢？也許有一天，「希望」藍鑽石能帶給人們揭示這個祕密的希望。

卡
利南鑽石

　　提到黃金和鑽石我們就會聯想到南非。因為南非不僅是世界最大的黃金生產國和出口國，而且還是世界主要鑽石生產國。世界上最著名的「南非之星」和卡利南兩顆大鑽石都是在這裡發現的。

　　1867年，有個小男孩在奧蘭治河河畔發現了一顆閃閃發光的「石頭」，就把它撿了起來。後來經過鑑定，這是一顆重24克拉的鑽石。兩年後，兩個牧童又在同一地區撿到一顆更為精美的鑽石。這顆鑽重達83克拉，價值在當時大約62.5萬法郎，它就是後來著名的「南非之星」。

　　提起南非的鑽石，就不能不提到曾轟動世界的卡利南鑽石。

　　1905年1月25日，南非鑽石礦的一個總監弗雷德里克‧韋爾斯，無意中在礦裡看見一個半露出井壁閃閃發亮的東西，便用小刀挖了出來，它的大小和成人的拳頭一樣，重如籃球。後來經鑑定，這是一顆世界上最大的鑽石，重達3006克拉。很快，這顆鑽石像長了翅膀一樣成了世界第一寶物。礦主高興得不亦樂乎，他給鑽石的發現者弗雷德里克‧韋爾斯21萬美元的酬金，並以公司總裁托馬斯‧M‧卡利男爵的名字為鑽石命名。隨後，南非德蘭士瓦省政府花了相當於今天900萬美元的巨資買下那顆鑽石，又用十倍的金額為那顆鑽石買了保險。

　　後來卡利南鑽石的命運又如何呢？

布爾戰爭慘敗的南非政府，想把卡利南鑽石獻給英王愛德華七世以表示友好。但是那顆鑽石的名氣太大了，幾乎迷住了全世界的珠寶愛好者們，英國國王愛德華儘管心裡十分喜歡，但表面上卻表現得不置可否。最後在政府殖民地次官溫斯頓·丘吉爾的「極力敦促和一再堅持下」，英王愛德華七世才接受了這顆鑽石。為防止意外，南非政府聲東擊西，把鑽石的贗品在大庭廣眾之下，大搖大擺的送到開往英國的輪船上，而真正的鑽石則被極其祕密的裝在包裹裡郵寄到英國。在愛德華國王66歲生日時，給他獻上了一份厚禮。

　　英王愛德華七世剛開始拿到鑽石愛不釋手，但很快就煩惱了，因為這6斤多重的鑽石的確太大了，平時抱它一會兒就把這位英王累得氣喘吁吁，更談不上戴上它了。於是，英王下令鑽石必需切割，他選定荷蘭著名寶石切削工匠約瑟夫阿謝爾完成這一任務。

　　接到任務後，阿謝爾既激動又緊張但就是不敢下手。後來，他花了整整三個月的時間，在玻璃和蠟模型上進行了反覆練習，當他確信萬無一失時，才動手操作。他先把鑽石緊緊鉗在工作台特製的鉗子上，然後把鋼製劈刀放在設計好的槽溝上猛擊，錘落刀斷，鑽石紋絲未動。阿謝爾害怕了，他臉上流著冷汗，又換了第二把劈刀，這次鑽石總算按預定位置裂為兩半，而可憐的珠寶匠阿謝爾卻因為緊張過度倒在地上昏了過去。

　　這塊鑽石最後被切割成9塊大鑽石，其中卡利南第一和第二是世界上最大的切割鑽石，重量分別為530.2克拉和317.4克拉，鑲嵌在英國君王權杖和王冠上面。零碎的共96塊也做成了飾物，收藏於英國皇

家。

　　英國皇家當時給阿謝爾的酬勞是：可擁有除兩顆最大鑽石以外的剩餘鑽石。阿謝爾信以為真，高興得手舞足蹈。但他沒想到，國王有的是錢，隨後，愛德華國王就從阿謝爾手裡又買了回去贈給夫人亞歷山德拉王后。

　　1910年，南非政府買下剩餘的所有鑽石贈與瑪麗王后。她把鑽石鑲成各種各樣名貴的首飾。自維多利亞女王以後，英國的王位繼承者們不但繼承了王位和王冠，同時也繼承了鑽石珠寶。現在這些價值連城的卡利南鑽石首飾，又成了英國伊麗莎白女王飾物中的最愛。

彼
得一世的寶藏

　　1715年烏拉爾的礦主尼基塔・捷米多夫給葉卡捷琳娜一世，寄來10萬金盧布和西伯利亞古墓出土的金器數件，作為禮物贈送給新出生的小皇子。這些金器的發現者是盜墓人，西伯利亞和烏拉爾山前一帶的許多商人，收購用這種方法挖到的珍寶並把他們回爐，靠銷售黃金發財。

　　彼得一世決心取締這種行徑，頒布詔令，規定一切重要的、不同尋常的出土器物都要上繳當局。不久以後西伯利亞總督加加林公爵就把許多古老的金器運往聖彼得堡，這裡成了西伯利亞出土金器藏品的收藏館，而這批藏品都是世界上純度最高、工藝最精美的寶物。起初這套藏品保存在彼得藝術品陳列館，1859年移交埃爾米塔日博物館。自這一年起，設立了帝國考古委員會，它受命收集古代文物資料，尋訪有關本國歷史以及有關居住在俄羅斯廣大國土上的各民族生活的古物。隨著時間的推移，館藏的精品逐漸增多，遠遠超過西伯利亞一帶的古墓陪葬品。這套藏品就包括舉世聞名的「西徐亞金器」。

　　在多瑙河到葉尼塞河的廣闊草原上，自古以來居住著沒有任何阻隔的同源同種民族。在這裡，統一的文化曾得到繁榮發展，一個個帝國曾經在這裡經歷過盛衰興亡。這裡是毀滅性的掠奪戰爭和民族大遷徙的必經之路。

由於氣候變化，草原上的地貌特徵也在發生變化，歐亞大陸上的很多古墓被風沙雪雨埋在地下，有的古墓剛剛露出地面，有的則像一座錐形或半球形的小土丘兀立在那裡。這種小土丘常常高達20～25公尺，方圓達數百公尺。

　　埋葬西徐亞人領袖們的陵墓體積特別大，結構也特別複雜。西徐亞人的墳墓絕大多數已被與墓主同時代的人盜過，但是也有例外。1903年發掘克列爾梅斯古墓的尋寶者，在庫班河沿岸挖開了四座未被盜過的墳丘，發現了大量貴重的飾物和武器。

　　雖然克列梅斯古墓已經被盜過，但是後來學者們在這裡還發現了一面很漂亮的銀鏡子，這面銀鏡的背面刻有紋飾，並鑲著壓有精美圖案的金箔。

　　銀鏡的背面由繩狀的半徑線劃分成八個等份，等分的尖角處飾有兩片花瓣。花瓣在鏡子的中央組成一個大的結，每個等份的其餘部分則畫有動物圖像和神話故事場面，而且這兩種畫面都按著一定的規則交替出現。例如，有一個等份中繪出的是衣服長及腳後跟的賽比利全身像。賽比利是長有翅膀的東方女神，又是百獸之女王。她抓住怯懦得夾著尾巴的兩頭獅子的前腿。鄰近的等份裡畫的是公牛鬥獅子的場面，這個搏鬥場面下面則是一頭野豬的圖像。

　　西徐亞藏品中最有意義的展品是1862年至1863年，在切爾托姆雷克古墓發現的，其中有一個金製的弓箭筒。這是一位希臘珠寶工匠製作的，上面的古代童話題材浮雕也是他的作品。弓箭套上大塊的金質貼面，浮雕製作精美，世上獨一無二。

在西徐亞墓之一的索洛哈古墓，還曾經出土過一把由古希臘人製作的舉世聞名的金梳子。金梳子屬於公元前5至公元前4世紀，這個時期是古希臘藝術最繁榮的時期。梳子的上半部是一組表現西徐亞人戰鬥的群雕，這裡刻畫的是決戰關頭，一名騎兵和一名步兵迎戰剛剛失掉戰馬的敵人。雕像的細部處理得如此細膩入微，以至武士的每根頭髮、騎士鎧甲的每個節片、衣服上裝飾的鑲片、倒地馬匹頸部的傷口以及傷口流出的鮮血，都看得清清楚楚。

古代工匠透過對圖像之間距離的精確計算，實現了結構的統一，立體質感的和諧與平衡。兩塊金板夾著五隻獅子，作為主群雕的底座，並且形成向梳齒過渡的中間環節。

梳子上的兩匹馬塑造得很有特色，個頭不大，尾巴很長，鬃毛修剪得很短。騎手把馬猛然勒住，它用兩條後腿直立起來。那匹受傷的馬四腳朝天仰臥在地上。

1853年，在費奧多西亞附近進行發掘工作時，曾發現一副做工獨具匠心的耳墜。這副耳墜向世人展示了古希臘藝術的一個獨特技巧，這個技巧俗稱顯微技術。每一只耳墜都是一個裝飾華麗的圖片，其周邊佈滿幾排細珠。圓片的裡面有八個精美的扇形花飾，底部有一個花結，而中心部分飾有花瓣很多的艷麗花朵。

每只耳墜的主要裝飾物是用顯微方法製作的多人物圖像。這上面表現的是雅典廣泛流行的一種體育比賽項目，四匹馬駕著一輛馬車奮蹄疾馳，趕車的是長著翅膀的勝利女神尼刻。在她的右側站立著手持一個大盾牌的武士，眼看地就要跳下馬車，以便自己向終點綵帶衝

刺。

　　古代工匠在耳墜上完成了諸如武士盾牌上的紋飾這樣的細節，甚至就連女神翅膀上的每根羽毛都畫上去了。「費奧多西亞耳墜」上的金銀細珠，小得不用放大鏡是看不見的，只有在高倍放大的情況下，才能看出這些小珠是四個一組分行排列的。正是這些細微的裝飾給「費奧多西亞耳墜」帶來了世界聲譽，然而古希臘工匠發明的這種顯微技術後來卻失傳了。

　　這副耳墜從費奧多西亞發掘出來之後，彼得堡和巴黎的許多珠寶工匠都曾試圖仿製這件首飾，但由於不瞭解古代工匠使用的焊接方法和焊藥的成分，這種嘗試終告失敗，著名的卡爾‧法貝爾熱試圖仿製「費奧多西亞耳墜」也遭到失敗。他沒能完成佈滿細珠的半月形飾件。在那件古代傑作上，細小得肉眼幾乎看不見的金水均勻地分佈在整個表面上。法貝爾熱在仿製時，就連三個金珠都沒能夠焊接上去，這些細珠總是熔在一起，並且焊不到耳墜上面。法爾貝熱運用他那個時代的技術成果，例如：光學儀器，可是古代工匠可沒有這些高科技，他們是運用什麼技術把細珠焊到耳墜上的呢？那個時代的科技到底達到了一個什麼樣的程度？這些至今仍然不為人知。

聖
斯特芬王冠

聖斯特芬王冠是匈牙利人民的一件國寶。1978年，它在美國待了33年之後，才回到布達佩斯。1981年，專家們對它做了檢查，認為這頂從海外回歸的王冠根本不是羅馬教皇西爾威斯特二世，送給匈牙利國王斯特芬的那頂。

既然是匈牙利的國寶，又怎麼會在美國出現呢？而且還在美國待了33年。

公元1301年，瓦茨拉夫二世把這頂王冠帶到波希米亞，然後又把它移交給巴伐利亞王子奧托。據某些歷史學家推測，巴伐利亞王子把王冠丟失在一個沼澤裡，過了許久以後人們才找到它，但已經被損壞。公元1739年，國王艾伯特的遺孀把王冠移交給弗里德里希四世皇帝，他把它存放在維也納皇宮裡。當公元1780年約瑟夫二世登上匈牙利王位時，弗里德里希四世把王冠交到了王室寶庫。公元1848年獨立戰爭期間，聖斯特芬王冠被藏到一個如今劃入羅馬尼亞版圖的地方，後來被送回維也納。

這頂王冠最後一次被派上真正用場是在1916年，奧匈帝國皇帝查理一世用它舉行加冕禮。當時在博德的皇宮中專門為它準備出了一間房子，派24個人保衛，它在那裡一直存放到1944年。當蘇聯紅軍部隊逼近布達佩斯時，匈牙利的貴重物品裝滿一列火車，準備運往美國。

在這批物品當中有一只沉甸甸的黑木箱，被萬無一失地鎖著並被嚴密地護衛著，那裡面裝的就是聖斯特芬王冠。

是不是太誇張了，運送一個王冠要如此勞師動眾？它到底是由什麼貴重材料組成的？不用説大家也猜到了，肯定不會是破銅爛鐵之類的東西。

這頂王冠由兩部分組成，而這兩個部分原本是單獨存在的。

王冠的上半部用兩片薄薄的金片製成，刻有花紋，形似頭盔。公元1000年，羅馬教皇西爾威斯特二世，把它戴到第一位匈牙利基督教國王斯特芬的頭上，以表彰他皈依基督教。公元1083年國王斯特芬加冕登基時，這頂獨一無二的王冠具有特殊意義。

王冠的下半部很像一件頭飾，是75年後拜占庭皇帝米哈伊爾·都卡送給國王格澤一世的，以表示承認匈牙利國王與自己地位平等。王冠下半部環繞在額頭上，是用飾有珍珠的黃金條帶製作，它的上部裝有覆蓋著藍綠兩色隔條琺琅的三角形和半圓形。金條帶中間嵌有大顆寶石和拜占廷風格的琺琅畫，畫面上是基督教聖徒的臉部。

大約在公元7世紀初，這兩頂王冠合二為一。王冠的頂上後來又裝了一支雙重十字架，這使得匈牙利國王的權力具有了更高的權威。王冠的每一邊都垂掛著金鏈條，上面綴有紅寶石掛飾。

怪不得匈牙利人對它如此小心謹慎呢！的確是一件價值連城的國寶。但是它經歷了太多的變故，王冠的個別零件受到了損壞，十字架也彎曲了。20世紀的50年代初，匈牙利政府向美國提出歸還聖斯特芬王冠的要求，美國死也不答應。直到1978年，它在美國待了33年之

後，才回到了布達佩斯，現在存放在塞切尼國家博物館展廳裡。這頂王冠的圖像一直是匈牙利國徽不可分割的組成部分。

被歸還的王冠到底是不是真的？如果它是假的，那麼真的又在哪裡？

一些專家推測：真的王冠可能早在1045年國王斯特芬死後就送回了羅馬，只不過它究竟在何處，至今仍是一個謎。

永續圖書
線上購物網

www.foreverbooks.com.tw

◆　加入會員即享活動及會員折扣。

◆　每月均有優惠活動，期期不同。

◆　新加入會員三天內訂購書籍不限本數金額，
　　即贈送精選書籍一本。（依網站標示為主）

專業圖書發行、書局經銷、圖書出版

永續圖書總代理：

五觀藝術出版社、培育文化、棋茵出版社、達觀出版社、
可道書坊、白橡文化、大拓文化、讀品文化、雅典文化、
知音人文化、手藝家出版社、璞珅文化、智學堂文化、語
言鳥文化

活動期內，永續圖書將保留變更或終止該活動之權利及最終決定權。

▶ **神祕消失的寶藏之謎** 　　　　　　　　（讀品讀者回函卡）

■ 謝謝您購買本書，請詳細填寫本卡各欄後寄回，我們每月將抽選一百名回函讀者寄出精美禮物，並享有生日當月購書優惠！
想知道更多更即時的消息，請搜尋 "永續圖書粉絲團"

■ 您也可以使用傳真或是掃描圖檔寄回公司信箱，謝謝。
傳真電話：（02）8647-3660　　信箱：yungjiuh@ms45.hinet.net

◆ 姓名：　　　　　　　　　　　　□男 □女　　　□單身 □已婚

◆ 生日：　　　　　　　　　　　　□非會員　　　□已是會員

◆ E-Mail：　　　　　　　　　　電話：（　）

◆ 地址：

◆ 學歷：□高中及以下　□專科或大學　□研究所以上　□其他

◆ 職業：□學生　□資訊　□製造　□行銷　□服務　□金融
　　　　□傳播　□公教　□軍警　□自由　□家管　□其他

◆ 閱讀嗜好：□兩性　□心理　□勵志　□傳記　□文學　□健康
　　　　　　□財經　□企管　□行銷　□休閒　□小說　□其他

◆ 您平均一年購書：□ 5本以下　□ 6～10本　□ 11～20本
　　　　　　　　　　　□ 21～30本以下　□ 30本以上

◆ 購買此書的金額：

◆ 購自：　　　　　市（縣）
　　□連鎖書店　□一般書局　□量販店　□超商　□書展
　　□郵購　□網路訂購　□其他

◆ 您購買此書的原因：□書名　□作者　□內容　□封面
　　　　　　　　　　　□版面設計　□其他

◆ 建議改進：□內容　□封面　□版面設計　□其他
　　您的建議：

讀好書品嘗人生的美味

神祕消失的寶藏之謎